発達障害
親子支援ハンドブック

保護者・先生・カウンセラーの連携

杉村省吾 編著

本多修◎齊藤文夫◎石川道子◎大島剛◎萱村俊哉◎
勝田麻津子◎柳原守◎管生聖子◎則定百合子◎
伊達幸博◎南亜紀子◎瓦田穂垂◎
羽川可奈子◎森安真由美 著

昭和堂

本書推薦の言葉

この度、杉村省吾氏編著の「発達障害　親子支援ハンドブック――保護者・先生・カウンセラーの連携」が、昭和堂から発行されることになりました。

私が推薦の言葉を書くことになったのは、平成一九～二三年度の五年間、杉村省吾教授を中心とした武庫川女子大学発達支援学術研究センターによる「健康な心理・神経発達の阻害要因の解明および支援方法の開発に関する前方視的研究」の外部評価委員に委嘱されたからです。研究内容を簡単に言うと、「子どもたちの発達障害を、一歳半児や三歳児健診の時に早期に発見し、ハイリスク児とその保護者に対して、温かい支援をしていこう」というプロジェクトでした。

五年間にわたって毎年公表されている、Ａ４版三〇〇頁におよぶ研究成果報告書が、私の手元にあります。その研究内容は画期的なものであり、評価書には外部評価委員として「この事業が壮大な展望をもつ積極的なプロジェクトであることは、平成一九年度から文部科学省の私立大学学術研究高度化推進事業オープン・リサーチ・センターに最上位で採択されたこと自体からもうかがわれ、中間審査での高い外部評価、研究継続審査におけるA評価を経て、最終年度を迎えたことでも明らかである」と記しています。

本書を少し読むと、大部分が心の専門家である臨床心理士が執筆しており、発達障害とは何か、ということが一目瞭然に表現されています。「発達障害」という言葉が、一般的に流布され、わが子がそうではないか？という不安や疑問を、お持ちの方も多いかと思います。しかし、そうだと簡単に断定しないでください。また仮に、小さいときに不本意にも「発達障害」と診断されていても、大きく成長して豊かに生きていく可能性を失ったなどとは、決して思い込まないでいただきたいと思います。

発明王のエジソンや万有引力の発見者のニュートンなども、今から言えば発達障害だったのではないか、と言われています。つまり、人間には素晴らしい能力を秘めた人たちと、そうではなく、平凡な人たちも多いものです。縁があってわが子として、この世に生を受けて出てきた子どもたちの可能性を信じてほしいと思います。

この本が多くの保護者・先生・カウンセラーなどに読まれることを願いつつ、推薦の言葉に代えたいと思います。

平成二五年初春

京都大学名誉教授・放送大学京都学習センター所長　藤原勝紀

まえがき

　このたび、武庫川女子大学発達支援学術研究センターでの五年間の研究成果の一部をまとめ、昭和堂から『発達障害　親子支援ハンドブック——保護者・先生・カウンセラーの連携』を発刊することになりました。

　この研究は、文部科学省の私立大学学術研究高度化推進事業オープン・リサーチ・センター事業に採択されたものです。これは、文部科学省が私立大学を対象として、幅広い人材によって研究成果等を広く公開することを目的としており、武庫川女子大学発達支援学術研究センターは、心理・神経発達に関連した研究をオープンな体制で行ってきました。その研究の一例が公開講座です。公開講座は発達に関連するテーマをその都度設定し、一年に四、五回開催し、それを五年間にわたって継続してきました。この公開講座は、一般の来聴者むけに専門的な話でも、わかりやすく解説されたことから、毎回好評でした。

　現在、わが国では多くの子どもの発達における精神保健上の問題が社会問題として表面化しており、これにどう対処すべきかが大きな議論の的になっています。この問題の背景として、少子化、核家族化、高齢化を中心とする社会環境の変化が関係しているのではないかと考えられています。また、近年、保護者および養育者による児童虐待件数も急増しており、都市化や核家族化の急激な進行による養育者の社会的孤立、あるいはそれにともなう養育者の育児不安が虐待の背後にあると言われています。このように、現代の子どもたちの心の諸問題は社会環境の変化とともに増加し、かつその状況も多様化しつつあるのが現状です。

先述の公開講座などをまとめたものを中心に、発達に関する問題について一般の読者向けに書かれています。子どもの発達の継続的な観察や、早期に子どもの発達上の障害を発見し、その養育者や学校教員・保育士がどのように関わっていくことが可能であるかなどを示すことが本書出版の目的です。研究成果の一部を一般の読者の方々にとっても読みやすく編集しなおしており、また専門家にとっても読みごたえのある構成となっています。

本書が、発達リスクを抱える子どもやその養育者、彼らに関わる医師、臨床心理士、教師や保育士、保健士をはじめ、すべての方々にとって有用な一つの指針になれば幸いです。また、発達に障害を抱えることによって、生きにくさを感じる子どもたちの助けになることを心から願っています。

編著者代表　杉村省吾

本書の紹介

待ちに待って生まれてきたわが子が、七ヵ月を過ぎると、ビーバーのような前歯が生えてきて、「ハイハイ」から「お座り」、そして、「つかまり立ち」ができるようになりました。ほっぺをツンツンと突っつけば、ニッと笑う表情を見れば、「この子を産んでよかった……」と思わずギュと抱きしめたくなりました。

しかし、その子が保育所に通うようになった頃、先生から「普通のお子さんとは、少し変わったお子さんのようですね」とためらいがちに言われました。「目線が合いにくく、他のお友達と一緒にキャッ、キャッと楽しく遊ぶことが少ないように思います。自由遊びの時も、砂場でポツンと一人で遊んでいます。お家ではどんな家庭教育をしておられますか」と言われました。

保護者面談で、少なからずショックを受けたお母さんは、わが子の手を引きながら、帰る道々、この子の日頃の行動を思いだしていました。三つ下の妹とは違って、どういうわけか「育てにくい子」、「言うことを聞かない子」、「まわりの空気が読めない子」、「落ち着きがない子」という印象を拭ぐえませんでした――。

これまでは、とかく「親の子育てが悪い」、「親の子育てがなっていない」と思われがちで、お母さんたちは、このような状況に追い込まれると、時にはうつ状態に陥ることも稀ではありませんでした。しかし、一見、普通と思われたわが子が、もしかしたら「発達障害」と診断されるかもしれません。

発達障害は、早期に発見してその子に応じた適切な対応や、早期にケアをすれば、それほど不安をおぼえる必要はありません。また、ちょっと見には普通の子から、発達障害と見立てるのは難しいことですが、保護者・保育士・医師・教師・臨床心理士たちのコラボレーションによって、早期発見につなげることができます。

仮に、発達障害のある子どもたちでも、保護者や教員たちが適切なサポートをしていれば、さほど心配することはない、というような事例や、臨床心理学などの専門家の解説を加えました。まず、各章に記述された典型的な事例二～三例を、呈示します。そして発達障害の疑いや可能性のある子たちに、家庭や学校ではどう対処していけばよいのかについて論を進めていきます。各章では、まず具体的な事例を挙げ、その内容に対して「心の専門家」である臨床心理士が、わかりやすく解説しています。

この本は、発達障害に不安をおぼえる保護者をはじめとして、発達障害のある子どもたちに関わる保育士、幼稚園教諭・小中高等学校教員、医師および臨床心理士にも読んでほしい内容になるように編集しました。

本書の内容について、以下の章立てを中心に簡単に説明しておきましょう。

第1章●発達障害ってどんなこと?【発達障害の基礎知識】

はじめに、発達障害の具体的な事例を数例挙げて、発達障害の基本的な知識について解説します。取り上げた事例は、広汎性発達障害(PDD)、アスペルガー障害、LD(学習障害)、ADHD(注意欠陥多動性障害)などです。第1章は全体の総論的な意味が込められています。

発達障害の子にとって、最もよき先生はお父さんとお母さんです。お二人がわが子と一緒に生きようという気持ちをもつことが、最も大切なことです。心の専門家のアドバイスを得ながら、子どもの成長に夢と希望と勇気が抱けるように、日々の関わりを工夫してみましょう。

なお本書に出てくる事例は、すべて模擬事例であって実在するケースではありません。

第2章●もしかして発達障害?と感じたら【発達障害の早期発見】

この章では、発達障害の兆候と思われる、子どもたちの日頃の言動を挙げてみます。そして、このような言動があったとしても、すべての子どもたちが「発達障害」と診断されるわけではないことについて説明します。つぎに、発達障害が疑われる行動をしている子どもたちを、できるだけ早く発見して、適切な支援が受けられるようにする必要があります。

また、一見して発達障害があることが周囲から気づかれにくい子どもたちを、早期に発見することも大切です。発達障害が疑われる兆候や言動に気づいて、不安を感じた保護者の方がどのように判断すればよいかの参考資料も提供します。

第3章●相談するところってどんなところ?【相談機関】

発達障害を早期に発見するためには、信頼のできる医師・臨床心理士・教師・社会福祉士・精神保健福祉士などの専門家がいる相談機関に相談することがまず大切です。

相談機関には県立・市立・町村立などの公立の相談機関や病院、私立の医療法人の病院や私立大学附属の相談機関などがあり、電話・手紙・メール・FAX・直接来所などの方法で相談を申し込みます。

相談機関では医師・臨床心理士による心理査定(アセスメント)に基づいて、医師が発達障害の診断鑑別を行い、必要に応じて投薬される場合があります。心理査定というのは、医師や臨床心理士が、子どもたちの言動をよく観察し、面接して対話し、必要な場合は知能検査・性格検査・

環境検査を行います。そして発達障害や、その可能性がある場合には、その子どもにどのような心理療法や療育が可能かの判断をすることを言います。

第4章●発達障害の子のこころ【どんなことを感じているの?】

子どもに発達障害があると、その言動はとかく「問題行動」と見られがちです。しかし、彼らの行動は本当に「問題行動」なのでしょうか。「問題行動」と言うことを、もう一度考え直してみる必要はないでしょうか? 彼らが「このように考え、感じたから、このような行動にでたのではないだろうか?」とわれわれ大人が考え直していろいろ推測してみるのも、彼らを理解する上で大切なことです。発達障害のある子どもたちが、「親や周囲の人を困らせようとして、そのような行動をとっているのではなく、その子なりの感じ方や考え方があってした行動、あるいは他に助けを求めるサインである」と考えてみるとよいのではないかと思います。

さらに、発達障害のある子どもたちが、人と違ったものの見方やとらえ方をしていることを親や周囲の人たちが理解し、彼らへの関わり方に工夫を加えてみましょう。そうすることで、「他の子と比べて育てにくい」「他の子ができることができない」などと悲観して落ち込んでしまうことも少なくなります。

第5章●発達障害の子を育てる【発達障害をもつ子の親として】

本章ではおもに発達障害のある子どもたちの保護者が、日頃から経験するさまざまな問題に焦点を当ててみました。たとえば、子育てへの不安やストレスへの対処法、家庭内、学校や近隣でのトラブル、などを取りあげました。いろいろな事例を挙げながら、これらの問題にどう対処すればよいのかを提案します。

第6章●発達障害の子とかかわる【保育園・学校のなかで】

第6章では、おもに発達障害の子たちと、保育や教育の場で日頃から関わっている、保育士や学校の教員がぶつかる問題について取りあげました。たとえば、発達障害の子とその保護者への関わり方、発達障害の子を保育・教育する上でぶつかりやすい問題、同級生との間に起こりやすい対人関係のトラブルなどの問題、保育所・幼稚園や学校だけでは対応できにくい問題が起こった場合どうするか、などです。

たとえば、「集団行動がとれずに、場の雰囲気を乱してしまう」「特定の分野の勉強についていけない」などの行動はしばしば起こってきます。そんなとき、その子はなぜそのような行動をとったのか、またそれに対してどのように接すればよいのかなどについて具体例を挙げながらやさしく解説します。

第7章●発達障害の子への支援と連携【保護者・学校・行政・医師との連携】

本章では、発達障害をもつ子を、保護者とその周囲の人たち（教師・臨床心理士・親の会など）による支援と連携によって、問題を解決した事例を取りあげています。発達障害の問題解決のためには、一ヵ所の相談機関で長期にわたって心理療法や療育を受けてようやく改善される場合や、短期に数ヵ所を経ても、あまり効果が得られなかったということもあります。通常、一歳半健診や三歳児健診で心身の発達の遅れを、医師・保健師・臨床心理士から指摘されて保護者の方が気づかれることもあります。いずれにしても、発達障害に関しては、早期発見・早期対応が必須の要件です。しかも、安易に医師・心理士・教師が、いわゆる「確定診断名」を子ども本人やその保護者にストレートに告知することには、相当に慎重になるべきだと思います。なぜならば、その診断名を聞いただけで、保護者がうつ状態になったり、障害ゆえに「将来、期待できない子」として児童虐待につながったりすることも多いからです。発達障害児支援の問題は、「人が人として生きていくことの尊厳」を尊重することでもあります。

第8章●発達障害とこれからの社会【発達障害と非行少年】

青少年の非行や犯罪が発生して、「容疑者に発達障害があったのではないか」などと新聞や雑誌に報道されたりすると、子をもつ親としては、不安にならざるを得ません。世の中には発達障害児（者）は非行や犯罪に走りやすいといった短絡的な考え方をする人もいます。

最近、発達障害と非行や犯罪との関係性の研究が、おもに犯罪心理学の研究者によってなされるようになりましたが、両者の因果関係は残念ながらまだ科学的に立証されているわけではありません。本章担当の齋藤文夫教授も「非行少年の中に発達障害的な行動特性をもつ子どもたちがいることは否定できません。しかし、発達障害児イコール非行少年ではありません。非行少年イコール発達障害児でもありません」と指摘しています。

編者はこの四〇年ぐらいの間に、相当多くの発達障害を伴った不登校の児童生徒と、その保護者の方の相談に応じてきましたが、犯罪の被害にあった人はいても、自ら犯罪を起こして収監された人は皆無でした。また、所長を兼務している兵庫県立但馬やまびこの郷は、不登校児童生徒のための宿泊研修機関で、四泊五日の宿泊を年間二五週実施しています。筆者はこのように寝食を共にしてコミュニケーションスキルのレベルアップを図り、お互いに自立性と自律性を獲得し再登校を遂げていく集団心理療法を、「生活環境療法」と称しています。

この研修施設には、年間約五〇〇人ぐらいの不登校生が訪れますが、そのうちの約二〇～三〇パーセントの子どもたちが、何らかの発達障害と診断されています。しかし、平成二三年度、訪れた中学校三年生四四人全員が、高等学校に入学しました。この施設が開設されて以来、約一八年が経過し、最初に訪れた少年たちは、三〇歳以上になっていますが、当施設の研修終了後に非行や犯罪を犯したという話は、まだ一度も聞いたことがありません。

以上、本書の内容を概観していただくために、まえがきの後にあえて「本書の紹介」の項を入れてみました。本書が、発達障害のあるお子さんをおもちの保護者の方々や、これらの人たちを支援する関係者に「夢」と「希望」と「勇気」を与える内容になっているとすれば、編者として望外の喜びです。

杉村省吾

目次

第3章◎相談するところってどんなところ？【相談機関】

第6章◎発達障害の子とかかわる【保育園・学校のなかで】

第1章　発達障害ってなに？

発達障害の基礎知識

1 発達障害ってなに?

まず、わが国における「発達障害」の分類に関する、基本的な知識について述べていきます。障害といえば、身体障害、精神障害、知的障害の三つの障害が「障害福祉」の対象で、発達障害は含まれていません。障害福祉の対象を、発達障害である「自閉症」に、「てんかん」を加えた五障害にしよう、という意見は目下議論されています。

重篤な発達障害である、自閉症への支援は急を要するため、平成元(一九八九)年に自閉症患者の福祉増進を目的として、全国の自閉症児の親が中心となって民間の(社)日本自閉症協会を設立しました(表1、5頁参照)。そして平成一四(二〇〇二)年、厚生労働省は自閉症・発達障害支援事業をスタートさせました。

これに対し、文部省(現・文部科学省)もLD(学習障害)への対応を考えていました。研究を続けるうち、通常学級にはLD以外にも、知的障害はないものの、特別に教育的配慮が必要な高機能自閉症や、ADHDのある児童生徒が在籍していることに注目するようになりました。

平成一七(二〇〇五)年には、このような厚生労働省と文部科学省の流れが合流して、「発達障害者支援法」が施行されました。

発達障害の分類について

さて、**発達障害とは、知的障害を含む障害概念で中枢神経系の高次機能の障害が発達期に生じているものをいいます。基本的には非進行性で、**合併症がないかぎり障害自体が悪化していくことはないとされています。

発達障害は一般的に、大きく分けて、

①知的発達障害
②自閉症を中心とする広汎性発達障害（ＰＤＤ）
③発達のある側面だけがとくに障害されている特異的発達障害
④落ち着きのない行動が問題となるＡＤＨＤ（注意欠陥多動性障害）

の四つに分類されています。

また、**発達障害の表現型には、①遅れ（delay）、②偏り（deviation）、③歪み（distortion）の三つがあります。**

「遅れ」とは、同じ年齢の子どもの大多数（九〇％程度）ができることができないことを指します。

「偏り」とは、普通の子どもにも見られる行動ですが、その程度が普通の範囲を超えているものを言います。**「歪み」**とは、普通の子どもには見られない行動が何回も見られるということです。「遅れ」の代表は知的発達障害、「偏り」の代表は注意欠陥多動性障害、「歪み」の代表は自閉症です。

「遅れ」がなく、「偏り」や「歪み」が中心となっている発達障害は、「軽度発達障害」と呼ばれることがあります。発達障害であることに気づかれにくく、そのほとんどが通常学級にいて、不適応を示すことが少なくないため、**早いうちに発見して適切な配慮をすることが必要**です。軽度発達障害に含まれるものとしては、高機能自閉症、アスペルガー障害、ＬＤ（学習障害）、発達性言語障害、発達性協調運動、ＡＤＨＤ（注意欠陥多動性障害）などがあります。

2 特別支援教育とは？

ここから少し話がかたくなりますが、できれば引き続き読まれることをお勧めします。

この一〇年で「発達障害児」や「特別支援学級」「適応指導教室」などの言葉が、教育の現場でよく使われるようになりました。現にここ五年、筆者らの相談室にも発達障害を伴った不登校児童生徒が、少ない年で全来所者の一五～一六％、多い年では三五～三六％も来所しています。

表 1　発達障害と特別支援教育に関する最近の動向

1989 年	（社団法人）日本自閉症協会設立
1999 年	文部省「学習障害児に対する指導について」報告（LD への対応の検討）
2001 年	文部科学省「21 世紀の特殊教育の在り方について」報告（LD、ADHD、高機能自閉症などに注目）
2002 年	文部科学省調査「通常の学級に在籍する特別な教育的支援を必要とする児童生徒」63% 厚生労働省「自閉症・発達障害支援事業」開始
2003 年	文部科学省「小・中学校における LD、ADHD、高機能自閉症の児童生徒の教育支援体制の設備のためのガイドライン（試案）」公表（LD、ADHD、高機能自閉症などの定義） 文部科学省「今後の特別支援教育の在り方について」報告（特殊教育から特別支援教育へ）
2005 年	「発達障害者支援法」施行（発達障害者の定義）
2007 年	改正学校教育法施行──第 8 章「特別支援教育」追加特別支援教育の開始、特別支援学校の一本化

ご存じのように、平成一三（二〇〇一）年、「文部科学省組織令」が発令されて、これまで「文部省」だったのが「文部科学省」になりました。同省の特別支援教育課は、「盲・聾・養護学校および特殊学級における教育に加えて、LD（学習障害）やADHD（注意欠陥多動性障害）など、通常学級に在籍していて、特別な教育的支援が必要な児童生徒への適切な対応も積極的に行うこと」と規定しています。

さらに、二年後の平成一五（二〇〇三）年三月には、「今後の特別支援教育の在り方について（最終報告）」では、「特別支援教育とは、従来の特殊の対象者の障害だけではなく、LD、ADHD、高機能自閉症を含めて障害のある児童生徒の自立や社会参加に向けて、その一人一人を把握して、その持てる力を高め、生活や学習上の困難を改善し、または克服するために、適切な教育や指導を通じて必要な支援を行うものである」と示されました。

3 二次障害について

障害があることによって起こってくる本来の障害が原因となって、家庭や学校などの環境との不適応を起こしたために生じた、さまざまな症状を**二次障害**といいます。

家庭環境（家族構成、養育の状態、経済状況など）、学校での状況（学習への参加状況、集団参加の状況、教師や友人などとの人間関係）など、子どもを取り巻くさまざまな環境があります。**与えられた環境の中で無理解や誤解を受け、叱責や失敗経験が度重なることで自尊心が低下し、二次障害を引き起こすのです。**

おもな症状としては、夜尿やチックなどの心身症的症状、不安や抑うつなどの情緒的症状、反抗や非行などの問題行動、不登校などがあります。

二次障害は周囲の理解のある環境で適切な教育的支援を受けることで、予防や改善が十分に可能

です。しかし、不適切な環境の中に長くおかれてしまうと、二次障害のほうが問題が大きくなってしまうこともあります。つまり、二次障害の予防・改善には、家庭、学校、地域社会が連携した、早い段階からの環境調整が重要なのです。

4 代表的な発達障害の症状と事例

発達障害をご家族だけで乗り越える必要はなく、ときには専門家の知識と経験によるアドバイスを得ることも大事です。

それでは、代表的な発達障害の症状を解説しながら、専門家の適切な対応・アドバイスを受けた子どもたちが、少しずつ「生きづらさ」を解消する力をつけていった事例をみていきます。

なお、事例１、２、４は不登校児のための宿泊体験活動の例、事例３、５はセラピスト（心理療法士）の手を借りた例となっています。

① 広汎性発達障害（ＰＤＤ）

知的な遅れがない自閉症を、高機能自閉症と言っています。高機能の定義はさまざまですが、おおむねＩＱ七〇以上を指します。

ＤＳＭ‐Ⅳ‐ＴＲ（アメリカ精神医学会発行の診断基準四訂版）によると、自閉的障害の基本は、「対人的相互反応の障害」と「相互的なコミュニケーションの障害、限定的、反復的な興味・活動の様式」であり、三歳以前に少なくともこれらの一つに遅れ、あるいは異常があることが必要です。つまり、ＤＳＭの考え方に従えば、自閉性障害の基準を満たし、知的には正常域にあるものを高機能自閉症と呼びます。

一方、ＤＳＭ‐Ⅳ‐ＴＲのアスペルガー障害は自閉性障害の三領域のうち、「コミュニケーションの障害」の記述が削除され、さらに三歳までに言語発達などに遅れがないものとされています。アスペルガー障害（12頁）と高機能自閉症との関係については議論が絶えませんが、臨床的に明確に区別するのは困難です。高機能自閉症とアスペルガー障害との関係をあまり意識せずに用いる場合と、アスペルガー障害とあえて区別して用いる場合があります。

事例１

▼友人とのトラブルが多く不登校、何事にも飽きっぽい【広汎性発達障害・中学一年生男子】

〔家族構成〕母（四三歳・会社員）、姉（高校三年生）

Ａ君は、小さい頃とても活発で明るい子でしたが、人の表情や感情を読みとるのが苦手でした。場面に応じた適切な行動がとれないことも多く、小学四年生頃から他の子とよくトラブルをおこすようになり、小学六年生の時に広汎性発達障害（ＰＤＤ）と診断されました。

中学一年生の時に級友に暴力をふるい、教室で暴れて物を壊すなどの問題を起こしました。友人たちもはれ物に触るように遠ざかり、Ａ君は不登校になりました。適応指導教室*に通いはじめますが、自分をにらんでいると思いこんだ相手を殴ってしまいました。

小学五年生から続けてきた柔道もやめてしまい、何事にも熱心ではなく、続きません。思いこみも激しくて、被害妄想的な行動が増えてきました。自宅から出ることも少なくなりました。また、気に入らないことがあると、壁を殴ったり物を壊したり、母親や姉へ暴言や暴力をふるうことが増えてきました。

ひきこもりと家庭内暴力により、心身ともに疲れ追いつめられたお母さんが、学校から紹介されて、不登校の子供たちの自立と学校復帰を支援する短期宿泊型の教育機関に連れてきました。来るまでは嫌がっていたＡ君も見学した時のスポーツが楽しかったようで、宿泊体験活動に参加することになりました。

＊「適応指導教室」……教育委員会が、学校以外の場所で、不登校の子どものカウンセリング、集団指導、教科指導などを行う施設。

広汎性発達障害をもつA君への対応のポイント

- 今まで得られなかった、安心感・居場所を得ること。
- A君に欠けていた、集団行動の中でコミュニケーション力を育んでいく。
- 褒められ、認められることでA君の「自尊感情[*]」を高め「自己有用感[**]」を感じてもらう。
- 人間関係の構築と、社会生活で必要なスキルを得てもらう。

＊「自尊感情」………「自分自身を好きだ。自分にも価値がある」といったような自分の長所と短所を含めて受容した上で、自分を、自分をかけがえのない存在、価値ある存在としてとらえる感情。

＊＊「自己有用感」……「自分がしたことを感謝されてうれしかった。自分も誰かの役に立っている。みんなから認められている」といったような他者と交流することで得られる感情。

A君は集団生活をするためのコミュニケーション力が未熟なため、学校生活で友人たちに受け入れられず、対人不信や孤立感を深めていました。また、これまで学校や家庭で注意・叱責の繰り返しの生活だったので、A君も自分自身を否定し、「自尊感情」や「自己有用感」を感じることができずにいました。そうなると、「自分はダメだ。自分には価値がなく役に立たない」という気持ちになって、自信を失い、無気力になっていたのです。イライラして攻撃的な行動も多くなっていました。

しかし、宿泊体験の中で、A君の得意な運動をして体を動かしたり、遊びや雑談をした落ち着いて行動できるようになりました。ここで安心感を感じることができたようです。

また、A君は一つの作業を続けることは難しかったのですが、その反面、好きなことに取り組む時の集中力とエネルギーは高かったので、その都度、その**頑張りを認め、褒めることを繰り返し**ました。対人関係においても、相手のペースに合わせることが難しいようでしたが、気をつけようと努力する姿勢を見かけるたびに、スタッフはその言動を褒めました。

宿泊体験の中で思い切り体を動かし、自分の頑張りが認められ、褒められているうちに、A君は自尊感情を取り戻していきました。集団生活におけるコミュニケーション能力も少しずつ育まれ、積極的に他の子たちと関わろうとする姿勢が見られるようになりました。

相手の気持ちを理解するのはまだ苦手ですが、相手の嫌がる言動はもうほとんどしません。自分の思いを一生懸命に話し、自分の思いが先行する時でも、じっくりと他の入所者やスタッフの話に耳を傾け、自分で自分を納得させるように、気持ちを切り替えられるようになりました。

A君は、少しずつ教室への登校を始めました。そして、宿泊施設に制服を着て来所し、「自分の制服姿を見てもらいたかった」と誇らしげに自己紹介をしていったのです。

② アスペルガー障害

アスペルガー障害とは、一九四四年に発表されたウィーンの小児科医アスペルガー（H.Asperger）の論文「小児期の自閉的精神病質」をもとに、一九八一年にウィング（L.Wing）が提唱した概念です。ウィングは「社会性」「コミュニケーション」「イマジネーション」の三領域で障害のある発達障害を「自閉症スペクトラム」と定義し、カナー（Kanner, L.）の記述した自閉症とアスペルガー障害で代表しました。

アスペルガー障害における「社会性の障害」とは、孤立することは少なく、他者とかかわることはできますが、そのかかわり方が奇妙であることが特徴的です。

「コミュニケーションの障害」は、単なる言語の遅れではなく、年齢にそぐわない大人びた言葉や回りくどい表現をしたり、冗談がうまく通じないようなことがよく見られます。さらに抽象概念がわかりにくく、特定の事柄に関心が強く、収集癖があったり、パターンを好むために予想外の事態に苦痛を感じるなどの「イマジネーションの障害」があります。典型的な自閉症と比較すると、幼児期の症状が目立たないために、診断の時期がとかく遅れがちになりやすいです。

事例２

▼アニメなど二次元世界に熱中し、部屋に引きこもる【アスペルガー障害・中学三年生女子】

［家族構成］父（五〇歳・自営業）、母（四五歳・専業主婦）、弟（小学校四年生）

Bさんは三歳から保育園に通っていますが、まわりになじむことができませんでした。言ってはいけないことを平気で口にしたり、他の子たちの会話や遊びに割りこむので、小学校四年生頃から自然に周囲から避けられるようになりました。担任の先生にも「他の子とズレがある」と指摘されて病院の精神科で受診したところ、アスペルガー障害と診断されました。

六年生の時、クラスの女子グループにいじめられたのがきっかけで欠席が増えはじめました。担任の先生が家庭訪問して登校するように言いましたが、「友達に見られるのがこわい。大人は何を考えているのかわからない」と言い、家から出ることができなくなり、まったく登校しなくなったのです。

また、リストカットを繰り返し、自分の部屋に引きこもるようになりました。生活も昼夜逆転し、ネットの動画サイトやマンガ・アニメなどにのめり込んでいきました。

そのころ、信頼しているスクールカウンセラーに紹介され、不登校の子供たちの自立と学校復帰を支援する教育機関の四泊五日の宿泊体験活動に参加することになりました。

アスペルガー障害のBさんへの対応のポイント

- いじめを受けていたBさんが、安心して生活できるような環境を作る。
- まわりの人との信頼関係を築く。
- 褒められ、認められる経験から、自己有用感を得てもらう。
- 体験活動を通して、アニメなどの仮想世界から、現実社会へと向き合う力を高める。

来たばかりのBさんは、緊張が強く、硬い表情をしていました。会話も少なく、一人でスケッチブックにマンガの登場人物をひたすら描いていました。しかし、スタッフがそのキャラクターについて尋ねると、笑顔になって、自分の好きなマンガやアニメのことを語りはじめました。Bさんは「二次元世界のキャラクターとは安心して関われる」と言い、マンガ、アニメといった虚構世界に熱中して、現実逃避をしているようでした。まわりの空気が読めず、友人もなく、異性関係も苦手な彼女にとって、アニメの世界が心の拠りどころになっていたのです。

スタッフは、彼女の拠りどころであるアニメの世界を否定せず、「アニメのことを教えてくれるかな」と、彼女の内的世界に寄りそいました。その上で、少しずつ現実世界の楽しさを感じてもらうことにしました。

Ｂさんは自分の描いた絵を「上手だね」とまわりから褒められて嬉しそうにし、スタッフやまわりの子にアニメの話をさかんにしていました。しかし、集団になじむには時間がかかるようで、ときどき体調不良で自室で休むこともありましたが、焦らずにゆったりと見守りました。

また、地域のお年寄りとのふれあい活動の中で、自分の話をうなずきながら真剣に聞いてもらい、お世話をするたびに、感謝の言葉を述べられることが心地よいのか、つねに笑顔で接していました。活動の後には「福祉の仕事をやってみたいな」とつぶやいていました。**自分が受け入れられ、感謝されること**で自己有用感が高まったようです。

進路について、以前は「高校進学はしない。家でずっとアニメを描いていればいい」と話していましたが、「高校に行って友だちを作りたい。部活動もしたいし、他のことにもいろいろと挑戦したい」と話すようになりました。

そのために、スタッフと相談しながら、Ｂさんは目標を「毎日、始業から終業まで教室に登校できること」と決めました。「もう少しで手が届きそうな小さな目標」を決めて、**スモール・ステップで着実に、最終的な目標につなげる**ようにしたのです。

やがて、学校の相談室に行けるようになり、そこでＢさんは「本当の友達と呼べる人ができた。

友だちと一緒に笑ったり泣いたりして、人とかかわることがこんなに楽しいなんて」と人への信頼感を取り戻し、人とかかわる勇気を得て、少しずつ、級友や教諭との人間関係を広げていきました。今、Bさんは、かつて描いた未来像のままに、高校の制服を着て、念願の運動部にも入り高校生活を全力で楽しんでいます。

事例3

▼予定が変わるとパニックになり、空気が読めない【アスペルガー障害・小学三年生男子】

〔家族構成〕父（五〇歳・自営業）・母（四七歳・専業主婦）

C君はとても純粋でまじめな子ですが、非常に苦手なことがあり、その影響で学校に行くことが苦痛になっていました。

とくに、場面に応じて気持ちを切り替えることが苦手で、学校の時間割に沿った行動が難しく、休み時間に始めたことを授業中に続けていることもありました。注意されると、C君は「僕が集中しているのを邪魔された！」と怒ります。

ほかにも、日課変更など予定外の出来事があると、パニックになって泣いてしまうこともあります。C君は自分の気持ちを自覚したり、表現することも苦手なので、不安がパニックとなって表れたり、ささいな傷つきが積み重なり、怒りや癇癪となって表現されやすかったのです。

また、C君は、相手の表情や言葉の意図を読み取ることも苦手です。他者の気持ちを理解することが難しいので、相手の状況にかまわずに、自分の好きな物の話を一方的に続けたり、きつい言葉を発することもありました。反対に、クラスメイトの軽いツッコミや冗談を本気にして、揉めるということも多くありました。

このようなことが続くうち、C君は孤立し、些細なトラブルをきっかけに学校を休むようになりました。そして、いじめが原因では？と心配したお母さんに連れられ、はじめてカウンセラーのもとを訪れたのでした。

カウンセリングを開始して二か月、C君はふたたび登校できるようになりました。しかしC君にはアスペルガー障害の傾向が見られ、これからも生活上の困難を伴うことが予想されました。それをお母さんにお伝えして、承諾を得た上で、より丁寧に彼を理解、支援するために発達検査を行い、カウンセリングを継続することになりました。

アスペルガー障害のC君への対応のポイント

- C君が社会に適応するために必要な練習を、本人の成長段階や優先順位に応じて生活、カウンセリングに取り入れる。
- C君が安心して学校に通うための環境づくりを行う。学校でのトラブルは、できるかぎり家庭と担任の先生、カウンセラーとで共有し、課題を見つけて解決を図る。
- 家庭、学校ともにC君が不適切な物事の捉え方、行動をした時には理由を聞き、「叱る」よりも「教える」というスタンスでかかわってもらう。
- C君が他者とのコミュニケーションに喜びを感じられるよう、表現を支える。

カウンセリング開始時、C君はカウンセラーと同じ空間にいても、一人遊びに夢中で終了時間を守れませんでした。C君独特の世界は理解することが難しいので、カウンセラーは彼の負担にならない程度に、C君を理解するための質問を重ねて、時間を共有しました。終了時間についても、一〇分前から三分ごとに残り時間を伝え、反応が悪い場合には、肩に手を触れるようにしました。

また、カウンセリングの時間を「C君の自由な時間」と「先生の時間」とに分け、「先生の時間」には**療育的なゲーム課題**を用意して取り組むことで、C君の感情表現を支えると共に、適応力や相互性を育むことも視野に入れました。このゲーム課題はカウンセラーの手作りで、C君が実際にトラブルになったような対人場面を不完全な四コマ漫画にし、登場人物の顔に表情を描き込んだり、空欄になっている吹き出しに、ふさわしい台詞を入れることができるようにしたものです。課題は漫画だけに限らず、かるたやカードなど、C君が抵抗なく楽しんで取り組めるように工夫し、成長と必要に応じて、その都度、新たなものを用意するようにしました。

すると、はじめのうちは返事もせず、自分の世界に没頭していたC君でしたが、徐々に質問に答えるようになり、やがて、自分から遊びについての説明をしてくれるまでになりました。終了時間も、声かけに応じて守れるようになってきました。

一方、家庭では、両親とC君との関係は良好なものの、彼が一人っ子ということもあって、すべてC君のペースを中心に動いていました。しかし、学校では、つねに周囲や環境がC君に合わせてくれるわけではありません。そこで家庭でも、C君が漫画やアニメに没頭して、次の行動に移ることができない時などに、**気持ちを切り替えられるような練習**をしてもらうことにしました。

具体的には、C君はすぐに行動を切り替えることが難しいので、彼に心の準備ができるよう、現在の行動を終えるのに、きりのよいページや時間を決め、約束の時点までに「あと○ページ（○分）だよ」など、何度か声かけをすることで本人の意識を促しました。このような方法でC君が約束を守ることできれば、一方的に「従わされた」という感覚ではなく、「自身の行動をコントロールして約束を果たせた」という成功体験に繋がります。これがある程度できるようになれば、少しずつ猶予の幅を短くしていくのです。

この他、「親（大人）だから許せるけれど、同じことをお友達にすると嫌な気持ちにさせるのでは」と思うような言動については、C君のストレスにならない範囲でその都度、**受け手の気持ちを伝え、どのような表現が適切なのかを、練習**してもらうようにしました。

これらと並行して学校でも、C君とお友達を繋ぐことはもちろん、彼が安**心して過ごせる環境作り**を進めました。

たとえば、C君は一度パニックになると、賑やかな教室では混乱が長引くため、先生と本人、カウンセラーとで、C君が気持ちを落ち着けるための場所、方法を相談して決めました。

また、日課変更のほか行事やその練習日など、C君の想定外の出来事が続きそうな時には事前に詳細を知らせてもらい、前もってお家でその場面をシミュレーションしたり、辛い気持ちになった時にはどうするか、なども話し合ってもらいました。

このように、**必要に応じてその都度、小さな課題を設定**しながら、どうすればC君が、「学校」という社会で過ごしやすくなるのかを家庭や学校との協力の中で考えていきました。

そのうちにカウンセリングでは、C君の方からカウンセラーにプライベートな質問をしたり、気持ちを尋ねるような場面が増え、お互いの考えや感情のやりとりができるようになりました。

この頃には、C君は学校生活にも上手く溶け込み、クラスメイトと一緒に遊べるようになっていました。また、お友達と喧嘩になった時にも、周囲のアドバイスを受けて、相手の気持ちを考えてみることができるようになったのです。

Ｃ君は今、勉強を頑張ったり、自分の知識をクラスメイトに教えてあげたりしながら、趣味を通したお友達に恵まれて、学校生活を送っています。最近では冗談だけでなく、ブラックジョークを教えてもらって、家族やお友達と言い合い、楽しんでいるそうです。

③ＬＤ（学習障害）

ＬＤ（学習障害）という概念は、一九六〇年代初頭にアメリカで軽度の発達障害のある児童生徒への関心が高まり、Learning Disabilities が教育用語として登場し、全世界に広がっていきました。

一九七〇年代の初め、わが国では「学習能力障害」と訳されましたが、やがて「学習障害」という訳が定着し、ＡＤＨＤ（注意欠陥多動性障害）や高機能自閉症などとともに、特別支援教育における軽度発達障害として認知されるようになりました。

日本では平成二（一九九〇）年度、文部省（現・文部科学省）に置かれた「通級学級に関する調査研究協力者会議」においてはじめて公的に検討され、その後、「学習障害児等に対する指導について（報告）」（文部省、平成一一年七月）において、次のように表現されました。

「学習障害とは、基本的には全般的な知的発達に遅れはないが、聞く、話す、読む、書く、計算す

表２　学習障害の診断基準（DSM-IV-TR）

読字障害（Reading Disorder）
A．読みの正確さと理解力についての個別施行による標準化検査で測定された読みの到達度が、その人の生活年齢、測定された知能、年齢相応の教育の程度に応じて期待されるものより十分に低い。
B．基準Ａの障害が読字能力を必要とする学業成績や日常の活動を著名に妨害している。
C．感覚器の欠陥が存在する場合、読みの困難は通常それに伴うものより過剰である。
算数障害（Mathematics Disorder）
A．個別施行による標準化検査で測定された算数の能力が、その人の生活年齢、測定された知能、年齢に相応の教育の程度に応じて期待されるものよりも十分に低い。
B．基準Ａの障害が算数能力を必要とする学業成績や日常の活動を著名に妨害している。
C．感覚器の欠陥が存在する場合、算数能力の困難は通常それに伴うものより過剰である。
書字表出障害（Disorder of Written Expression ）
A．個別施行による標準化検査（あるいは書字能力の機能的評価）で測定された書字能力が、その人の生活年齢、測定された知能、年齢相応の教育の程度に応じて期待されるものよりも十分に低い。
B．基準Ａの障害が文書を書くことを必要とする学業成績や日常の活動（例：文法的に正しい文や構成された短い記事を書くこと）を著名に妨害している。
C．感覚器の欠陥が存在する場合、書字能力の困難が通常それに伴うものより過剰である。
特定不能の学習障害（Learning Disorder Not Otherwise Specified）
このカテゴリーは、どの特定の学習障害の基準も満たさない学習の障害のためのものである。このカテゴリーは、３つの領域（読字、算数、書字表出）のすべてにおける問題を含む場合がある。個々の技能を測定する検査での成績は、その人の生活年齢、測定された知能、年齢相応の教育の程度に応じて期待されるものより十分に低いわけではないが、一緒になって、学業成績を著名に妨害している。

る又は推論する能力のうち、特定のものの習得と使用に著しい困難を示す状態を指すものである。学習障害は、その原因として、中枢神経系に何らかの機能障害があると推定されるが、視覚障害、聴覚障害、知的障害、情緒障害などの障害や、環境的な要因が直接の原因となるものではない」と定義されました。

一方、医学領域では一九五〇年代から六〇年代にかけて微細脳機能障害（ＭＢＤ）という概念が登場しました。やがて学力を中心とした学習の特異な困難性と多動性などの行動的な困難さを特徴とするＡＤＨＤ（注意欠陥多動性障害）とを分離して診断するようになりました。アメリカ精神医学会の診断基準（ＤＳＭ‐Ⅳ‐ＴＲ）では、学力の三要素である「読み」「書き」「算数」の特異な困難性に限定して Learning Disorders と定義しています。表２はＤＳＭ‐Ⅳ‐ＴＲによる学習障害の診断基準です。

事例４

▼文章を読むのが苦手で、何事にも無気力状態【ＬＤ・中学三年生男子】

［家族構成］母（四五歳・パート）、兄（高校二年生）、祖母（七〇歳・無職）

Ｄ君は話すことは問題なかったのですが、文を読む時に似たような字を読み間違えたり、一文字ずつは読めても、文として読むことができなかったりします。それが原因で、担任の先生から厳しい指導や叱責を受けました。D君はしだいに授業が苦痛になり、国語だけでなく、他の教科を受けるのも嫌がるようになりました。

小学校三年生の時に検査を受けたところ、LD（学習障害）と診断されました。友人に「自殺したい」と漏らしたこともあります。そして、小学四年生の六月から、まったく登校しなくなり、家で何もせず、無気力状態になりました。

中学校では、気が向いたら登校していますが、学校を抜け出し、コンビニやゲームセンターを徘徊したり、喫煙で補導されるなど、反社会的な行動が増えてきました。学校に行けないのは自分がなまけているからと言い、自分の将来にも悲観的です。

LD（学習障害）のD君への対応のポイント

- まわりの人との信頼関係を築く
- 褒められ、認められる経験を通した自己有用感の獲得
- 将来の夢と、具体的な目標を設定できるようにする

D君は宿泊体験活動に参加したものの、積極的でなく、座り込んで動かなかったり、自室で寝たりしていました。D君はこれまでの生活で叱責され続けていたため、自尊感情が低下していた

のです。そこで、**得意なこと、関心があること、長所や持ち物などを褒め、認める**ことにより、自信の回復につなげていきました。たとえば、小学生の子に優しく接する態度を褒め、彼の好きなアニメの話題に耳を傾けました。

やがて、料理活動では、自分から調理方法を尋ねるなど、前向きな姿勢になってきました。スポーツ活動も積極的に活動を楽しみ、はじめての活動でも最後までやり遂げようとしていました。また、Ｄ君は自分の行動と「できたこと」を、ひとつひとつスタッフに確認し、スタッフもそれに丁寧に応えました。わかったことやできたことなどの**成功体験を少しずつ積み重ねる**ことで自信がつき、無気力な状態はみられなくなりました。

食事の時には誰よりも先に来て配膳をし、はじめて宿泊体験に参加する子たちに、施設案内や活動の手助けをしたり、スタッフが頼んだ仕事を快く受け入れたり、集団の中での自分の役割を探して、自分ができることを精一杯やろうとする意欲がみられました。人から感謝され、喜ばれるという体験を積むことにより、自己有用感が高まったようです。

しかし、目標が明確で内容が理解できる活動には意欲的でしたが、たとえば自由時間など目標や内容が決まっていない場合には「何をしたらいいかわからない」と言い、自己決定は苦手なようでした。そこで、**時間をかけて目標を一緒に考えながら自己選択、自己決定をする**機会を増やし、じっくりと待つことを心がけました。とくに進路については、みんなで将来の夢や一年後の自分の姿、いま何をするべきかなどを、本音でじっくり語り合いました。これをきっかけに、D君は、現実に向き合い、高校進学に向けて努力しようとする気持ちが出てきたようです。

そして最終日にはこのように述べたのです。

「今回でここに来るのが最後と決めてきました。ここに来て、少しずつ登校できるようになりました。自信をもつことと、後ろをふり返らないこと。そして、自分の心を見つめることができました。スタッフのみなさん、お母さん、一緒に過ごした仲間たち。ありがとう」

④ ADHD（注意欠陥多動性障害）

落ち着きがなく、注意力が乏しいのは子どもの特徴ですが、発達段階を考慮してその程度が逸脱するとき、ADHD（Attention-deficit/hyperactivity disorder）と診断されます。ADHDの基本症状は、「不注意」「多動性」「衝動性」の三つです。左の表は、DSM-Ⅳ-TRのADHDの診断基準です。

A．（1）か（2）のどちらか：
（1）以下の不注意の症状のうち六つ（またはそれ以上）が少なくとも六ヵ月間持続したことがあり、その程度は不適応的で、発達の水準に相応しないもの：

〈不注意〉
（a）学業、仕事、またはその他の活動において、しばしば綿密に注意することができない、または不注意な過ちをおかす。
（b）課題または遊びの活動で注意を持続することがしばしば困難である。
（c）直接話しかけられたときにしばしば聞いていないように見える。
（d）しばしば指示に従えず、学業、用事、または職場での義務をやり遂げることができない（反抗的な行動、または指示を理解できないためではなく）。
（e）課題や活動を順序立てることがしばしば困難である。
（f）（学業や宿題のような）精神的努力の持続を要する課題に従事することを、しばしば避ける、嫌う、またはいやいや行う。
（g）課題や活動に必要なもの（例：おもちゃ、学校の宿題、鉛筆、本、または道具）をしばしばなくす。
（h）しばしば外からの刺激によって容易に注意をそらされる。
（i）しばしば毎日の活動を忘れてしまう。

（2）以下の多動性−衝動性の症状のうち６つ（またはそれ以上）が少なくとも六ヵ月間持続したことがあり、その程度は不適応的で、発達水準に相応しない：
（a）しばしば手足をそわそわと動かし、またはいすの上でもじもじする。
（b）しばしば教室や、その他、座っていることを要求される状況で席を離れる。
（c）しばしば、不適応な状況で余計に走り回ったりする（青年または成人では落ち着かない感じの自覚のみに限られるかもしれない）。

（d）しばしば静かに遊んだり余暇活動につくことができない。
（e）しばしば「じっとしていない」またはまるで「エンジンで動かされるように」行動する。
（f）しばしばしゃべりすぎる。

〈衝動性〉

（g）しばしば質問が終わる前に出し抜けに答え始めてしまう。
（h）しばしば順番を待つのが困難である。
（i）しばしば他人を妨害し、邪魔する（例：会話やゲームに干渉する）。

B．多動性―衝動性または不注意のいくつかが七歳以前に存在し、障害を引き起こしている。

C．これらの症状による障害が二つ以上の状況〔例：学校（または職場）と家庭〕において存在する。

D．社会的、学業的、または職業的機能において、臨床的に著しい障害があるという明確な証拠が存在しなければならない。

E．その症状は広汎性発達障害、精神分裂病（統合失調症）または他の精神疾患（例：気分障害、不安障害、解離性障害、または人格障害）ではうまく説明されない。

注意欠陥多動性障害、混合型：過去六カ月間、Ａ１とＡ２の基準　をともに満たしている場合
注意欠陥多動性障害、不注意優勢型：過去六カ月間、基準Ａ１を満たすが基準Ａ２を満たさない場合

注意欠陥多動性障害、多動性―衝動性優勢型：過去六ヵ月間、基準Ａ２を満たすが基準Ａ１を満たさない場合

注：（特に青年および成人で）現在、基準を完全に満たさない症状のある人には「部分寛解（部分的に良くなっていること）」と特定しておくべきである。

事例５

▼「僕は悪い子なんだ」【ＡＤＨＤ・小学一年生男子】

［家族構成］父（二八歳・会社員）、母（二七歳・パート）、妹（五歳）

Ｅ君は小学校入学直後から、授業中に指示されたことをせずに立ち歩き、前席の子を筆記用具で突いて怪我させたり、偶然ぶつかった相手を殴ったり、上級生に飛びかかったりと、とにかく毎日のようにトラブルを招いていました。

学校や家庭でどんなに叱られても、まわりの子が怯えるほど状況が悪化してしまい、「これ以上、学級では対応しきれない」という担任の先生の強い言葉と勧めで、Ｅ君はカウンセリングに通うことになりました。

Ｅ君のこのような状態は幼児期から続いています。道路に飛び出す、高い塀から飛び降りる、他の子を殴る……数々の危険な行動に、お母さんは「また、誰かに迷惑をかけるかもしれない。

いつか大怪我をするかもしれない」といつも心配していました。出かける際には一時も目を離さず、つねに手を握って行動していたと言います。当然、一緒に遊べる、お友達と呼べるような相手もいませんでした。

ＡＤＨＤのＥ君への対応のポイント

- 「周囲を困らせるE君」という見方ではなく、「困っているE君」がどうすれば困難に立ち向かえるかを一緒に考える体制づくり。本人を叱る回数、時間を減らすための取り組み。
- E君にとって刺激の少ない環境作りを進める。
- みんなと同じ目標ではなく、E君に実現可能かつその段階で必要と思われる目標を成長に合わせ設定、達成していくことを目指す。
- E君が愛情を持って応援してくれる存在を実感し、「できた」という体験や喜びの共有を積み重ねることを支える（傷ついた自尊心の回復に繋がる）。
- E君が人とのかかわりに安心感と楽しさを感じられるよう、家族やカウンセラーとあたたかな関係を築き、その輪を担任の先生、少人数のクラスメイト、学級へと広げていく。

E君は相談に通う理由を「僕が悪い子で、嫌われ者だから」と言います。

しかし、カウンセラーには、彼がとても繊細で刺激に対して敏感なこと、衝動性が強いこと、そしてそのために人間関係や学習場面での挫折が多く、失敗や挑戦を恐れているように感じられました。

本当は、Ｅ君も善悪や人の気持ちをよく理解していて、大好きなお母さんにたくさん喜んでほしい、褒めてほしいのに、それができずに苦しんでいるのです。しかし、小さな頃から怒られ、心配されつづけてきたことで自尊感情が失われています。ご両親に大切に思われている自信、友達と楽しく遊んだり、好きになってもらえるという自信、勉強でもスポーツでも、やればできるのだという自信、それらを抱けず、余計に自分をもてあますという悪循環の中にいたのです。

カウンセラーはそれをお母さんと担任の先生に伝え、まずはＥ君を**叱る機会を減らすために、「叱るべき事」と「彼の成長を待てる事」のラインの見直し**を提案しました。

たとえば、危険な行動や暴力、火遊びなどについてはきちんと叱って話し合う必要があるけれど、勉強や宿題をしないこと、席の立ち歩きなどについては毎回注意しなくとも、長い目で見守ることができます。仮に、叱る必要があった場合にも、Ｅ君が学校と家庭、またはご両親の間で重複して何時間も叱られることのないよう、学校で本人が反省した内容については、家庭では確認で留めてもらうなどの連携を強化しました。

また、Ｅ君の行動には必ず理由があるため、トラブルの後や叱った後には、双方が落ち着いて話せる状態の時に彼の気持ちを聴き、互いの思いを理解し合うようお願いしました。そして、目に見えて彼の衝動的な行動が減らなくとも、これまで十あった事が九になれば、それはまぎれもない彼の努力として認め、褒めてあげて欲しいと付け加えました。

一方で、**環境面の刺激を極力減らす**ために、教室での席や班分けにおける配慮、収納上の工夫なども並行して進めました。

このようにE君への理解と対応の調整を続けていくうちに、最初のカウンセリングでは集中もできず、危険な遊びが目立ったE君も、カウンセラーと一緒に落ち着いて楽しめるようになりました。また、これまでは不安や緊張から、かんしゃくを起こし、投げ出していた学校行事にも、カウンセリング中に心の葛藤を打ち明け、練習段階から家族と先生の見守りや応援を受けたことで、本番まで諦めずに取り組めるようになっていったのです。

さらにE君は、今まで自分を嫌う敵だと思っていたクラスメイトについて、「心配してくれる、一緒に遊ぶと楽しい仲間なんだ」ということを体験から学んでいきました。すると、ぶつかった相手や嫌なことを言う相手に手を出すのをこらえ、許すことができるようになりました。

今では学校だけでなく、たくさんのお友達をお家に招いて一緒に遊んでいます。そして、みんなの応援を受けて、努力すれば結果が得られるとわかってからは、勉強や宿題も頑張れるようになり、たくさんの満点のテストを抱えて見せに来てくれたのです。

⑤ 発達性言語障害（Developmental Language Disorder）

以前は、発達性失語症（Developmental aphasia）と呼んでいた障害です。ラピン（I.Rapin）はこれを次の３群に分けています。

① 言語の理解と表出が特に障害される群：この群は言葉の理解と表現が苦手なタイプで、つぎの二種類があります。言語聴覚失認および音韻／統語欠陥障害。

② 言語理解は良好であるが表出のみ障害される群：この群は言葉の理解はよいのですが、言葉の表現が苦手なタイプで、つぎの二種類に分類されます。会話失行および発語企画障害。（後者は突発性言語遅滞とも言われる）

③ 高次処理の障害される群：この群は、言葉の高次な処理が苦手なタイプで、つぎの二種類に分けられます。語彙目録欠陥障害　および語義・誤用欠陥障害。

⑥ 発達性協調運動障害（Developmental Coordination Disorder）

この障害は、いわゆる「不器用児」といわれるものですが、ＤＳＭ-Ⅳ-ＴＲでは表３のように定義されています。臨床的には、歩き始めなどの遅れ、物を落としてしまう、不器用、スポー

表3　DSM-IV-TRによる発達性協調運動障害

A. 運動の協調が必要な日常の活動における行為が、その人の歴年齢や知能に応じて期待されるものより十分に下手である。これは運動発達の里程標*の著名な遅れ（例：歩くこと、這うこと、座ること）、物を落とすこと、″不器用″スポーツが下手、書字が下手、などで明らかになるかもしれない。
B. 基準Aの障害が学業成績や日常の活動を著名に妨害している。
C. この障害は一般身体疾患（例：脳性麻痺、片麻痺、筋ジストロフィー）によるものではなく、広汎性発達障害の基準を満たすものでもない。
D. 精神遅滞が存在する場合、運動の困難は通常それに伴うものより過剰である。

出典：日本LD学会　2004『日本LD学会LD・ADHD等関連用語集』日本文化科学社、P.100

＊里程標：原語は道ばたに立てる里程を示す標識だが、ここでは、這う、つかまり立ちする、歩き始める、など、運動発達の目印の意味で使われている。

ツが苦手、字を書くのが苦手などで気づかれることが多いようです。また構音の問題や言語の遅れが併存することもあり、また、不注意さを伴い、ADHDと合併する場合もあります。対応としては、作業療法、道具の工夫などが考えられますが、成人期まで症状が持続することもあるとされています。

6 発達障害は怖くない

この章では発達障害についてと、その代表的な症状別の解説と事例をみてきました。

このように発達障害をもった子に適切な支援をしていくことで、その子の「生きづらさ」を小さくすることができます。また、**共通して言える**

ことは、できるだけ早く（＝早期発見）、適切なところへ相談することです。とくに、発達障害であることに気づかれずに叱られつづけて育つと、子ども達の自尊感情、自己有用感が損なわれ、問題の根が深くなってしまうことも考えられます。

第２章からは「適切な支援をするために大事なこと」について述べていきます。

参考文献

竹内吉和『発達障害と向き合う』幻冬舎、二〇一二年、一三―三五頁。

日本ＬＤ学会『日本ＬＤ学会ＬＤ・ＡＤＨＤ等関連用語集』日本文化科学社、二〇〇四年、九三―九五頁。

第2章 もしかして発達障害？と感じたら

発達障害の早期発見

1 早期発見が大切なわけ

発達障害で、早期発見が大切と言われるのは、**早めに発見することで、その子に合った適切な関わり方**ができるようになるからです。決して発見すること自体が目的ではありません。早い時期に気付くことで、お父さん・お母さんをはじめ、その子に関わる**周囲の人たちが、その子の特徴を理解しながら、その子とともに過ごして行く工夫**がしやすくなるのです。

周囲になかなか理解されない状況が続くのは、誰にとっても辛いものです。同じように、発達障害のある子にとっても、自分が理解してもらえずに自分には合わない関わり方をされるのは、やはり苦痛なのです。そうなると周囲とうまくいかず、他人は自分のことはわかってくれない、と感じる機会が増え、他人への不信感や恐怖心などをもってしまうこともあります。

また、いくら頑張っても苦手なことを克服できないことが続くと、自信をなくしてしまいかねません。その結果、孤独な思いや不安や苛立ちを抱えてしまい、それが不登校や心身症、対人恐怖や反社会的行動などにつながることがあります。こういった問題を**二次障害**と言います。この二次障害を最小限に抑えるためにも、早い時期に発見して、その子に合った関わりをしてゆく必要があるのです。

2 発達障害の疑いがある赤ちゃんの特徴

子どもが小さいうちは、保健センターや出産した病院などで乳幼児健診があります。一ヵ月健診、三ヵ月健診、八ヵ月健診、一歳六ヵ月健診……。お住まいの地域によって少しずつ時期が異なりますが、小児科医や保健師、臨床心理士に赤ちゃんの心身の発達を見てもらう機会があります。

赤ちゃんは小さいうちは個人差がとても大きく、また、この発達の時期であれば、誰でもごく当たり前にある、という特徴もあります。ですので、ここで書かれている事例や表４にあてはまるからと言って、発達障害であると結論づけてしまうことは避けてもらいたいのですが、一つの指針として見てもらえればと思います。

事例６

▼発達障害の疑いがある子の行動【一歳一〇ヵ月女児】

Ｆちゃんは七～八ヵ月を過ぎても、**①人見知りして泣くようなことがなく**、おとなしくて育てやすい子でした。ただ、生まれた頃から授乳していても**②視線が合いにくい**のが気になっていたとお母さんは言います。また、**③抱っこしても身を反らせて嫌がるため**、抱っこがしにくかったそうです。**④離乳食の頃から食事をほとんど食べないので、**一歳一〇ヵ月の今でも母乳とフォローアップミルクで過ごしています。

一歳頃に歩き出してから、**⑤急に飛び出したり、関心のある方へ一人で行ってしまったり**して、外出先で目が離せません。**⑥名前を呼んでも聞こえていないかのように走って行って**しまいます。**⑦無理やり連れ戻すと激しく泣き叫び、**数時間泣き続けることもありました。

そんなことが頻繁にあったので、お母さんは気分を変えようと、いつもとは違う広くて緑の多い公園にFちゃんを連れて行きました。Fちゃんがのびのび遊べるかと思ったのですが、Fちゃんは、

⑧いつもと違う公園を嫌がって、そっくり返って泣き叫び、バギーから降りません。お母さんは「せっかく連れてきたのに……」、「Fのことがわからない自分が情けない」という思いでした。周囲の目もあり、お母さんは諦めて帰ることにしました。帰り道でも泣きやまないFちゃんを乗せたバギーを押しながら、お母さんも涙が出てきました。

ところが、いつもの公園の前を通るとFちゃんは泣きやみ、その馴染みの公園に行きたそうです。お母さんはもう疲れてしまって、早く家に帰りたかったのですが、Fちゃんが今日はまだ少しも遊んでいないのと、また泣かれてはたまらないという思いもあり、いつもの公園に入りました。すると、Fちゃんは今度は積極的にバギーを降りて公園で遊びだしたのです。

表４　月例ごとの特徴例

時期	定型発達の子の例	発達障害のある子の例
０～３ヵ月以降	•動くものをじっと見つめたり､音に振り向いて聞いている。 •満腹でオムツも汚れておらず泣いているとき、ある程度抱っこしていると泣きやむ。	•音は聞こえていても、動くものなどをじっと見つめたり聞いていることはない。 •抱っこを嫌がり、身をそらしたりすることがとても多い。 •反応がつねに弱い
３～５ヵ月以降	•親などに笑顔を見せたり、楽しそうな様子を示す。	•人に笑いかけるなどの関わりが少ない。 •喜怒哀楽があまり見られない。
６～10ヵ月以降	•人見知りをする。（母親の顔がわかる） •感情がこもった表現や身振り手振りで自分の意図を伝えようとする。 •いないいないばぁを喜ぶ。	•人見知りが激しすぎる、もしくはまったくしない。 •他の人と関わるとき、相手に反応するが感情がともなわない。 •予測できないような行動をとる。
10～18ヵ月以降	•バイバイをする。 •意味のある言葉（マンマ、ブーブー、ワンワンなど）を話す。 •おもちゃを見せる、方向を指示するなどして人と関わることができる。 •自分の名前を呼ばれた時、自分のこととわかっている様子をする（振り向く、返事をするなど）	•バイバイをしない、手のひらを自分自身の方に向けてバイバイする。 •言葉が出ない。 •自分から他の人に関わっていったり、コミュニケーションを続けることが上手にできない。 •同じ動作を何度も繰り返し、いつまでも続ける。 •名前を呼んでも反応がない。
18～30ヵ月以降	•意味のある単語や文章を使って、ごっこ遊びをする。	•言葉はあっても、オウム返しや独り言で、ほかの人と関わるための言葉は少ない。

Fちゃんの場合は、コミュニケーションがそれなりにとれ始めていましたが、①「人見知りをせず泣かない」、②「0歳の頃から視線が合いにくい」、③「抱っこがしにくい」、そして、④「離乳食の頃から現在まで食事をほとんど食べない」ことも気になります。また、歩いたり走ったりできるようになると、好奇心の強い子はFちゃんのように、⑤「自分の関心がある方へパッと飛びだしたり」、⑥「名前を呼んでも知らん顔でどんどん行ってしまったり」します。それ以外に、⑦「数時間でも泣き続ける」ということも多かったようです。

また、発達障害のお子さんは、好き嫌いを超えた偏食や、⑧「こだわりが強く」、それが通らないと、何時間でも泣き続けるような、パニック的な様子になることがよくあります。Fちゃんの公園での出来事は、「いつもと違う」公園が、パニックへつながったようです。お母さんはFちゃんを思っての工夫だったのですが、うまくいかず、お母さん自身も辛い思いをされました。

Fちゃんが発達障害かどうか、まだわかりませんが、こういった傾向が普段から見られるお子さんは、「お決まりの場所」の方が落ち着いて遊ぶことができます。もし、いつもとは違う場所に行くときは、先にいつもと違う公園に行くことを伝えておくとよいでしょう。まだ一歳一〇カ月という年齢ということもあって、完全に理解はできないかもしれませんが、声をかけておくことは有効です。つまり、その子どもの傾向を知り、それに合った**「関わりの引き出し」をたくさん持っているとと、お父さんやお母さんのお子さんを思う気持ちがうまく流れるようになる**のではないかと

表5　乳幼児期のチェックリスト

- □あやしても顔を見たり笑ったりしない
- □小さな音にも過敏である
- □大きな音にも驚かない
- □バブバブなどの喃語が少ない
- □人見知りをしない
- □家族（とくに母親）がいなくても平気で一人でいる
- □親の後追いをしない
- □名前を呼んでも、声をかけても振り向かない
- □表情の動きが少ない
- □イナイイナイバーをしても喜んだり笑ったりしない
- □抱こうとしても抱かれる姿勢をとらない
- □視線が合わない
- □指差しをしない
- □2歳を過ぎても言葉がほとんど出ないか、2～3語出たあと会話に発展しない
- □1～2歳頃までに出現していた有意味語が消失する
- □人やテレビで見た動作の真似をしない
- □手をひらひらさせたり、指を動かしてそれをじっと眺める
- □周囲にほとんど関心を示さないで、一人遊びにふけっている
- □遊びに介入されることを嫌がる
- □ごっこ遊びをしない
- □ある動作、順序、遊びを繰り返したり、著しく執着したりする
- □落ち着かなく、手を離すとどこに行くかわからない
- □訳もなく突然笑い出したり、泣き叫んだりすることがある
- □夜寝る時間、覚醒時間が不規則である

（出典）山崎晃資著『発達障害と子供たち』講談社、2005より

思います。

表5は、精神科医も用いている、乳幼児期のポイントをまとめたものです。ただし、これらは定型発達、障害のない子どもでも、年齢によっては見られるものもあり、いくつ当てはまるから発達障害、というものではありません。ただ、後に述べるように、障害のない子どもに障害があると思って手立てをこうじることは、子どもにデメリットはありませんし、一歳半健診、三歳健診などでのご相談の際に、役立てていただければと思い、紹介しておきます。

3 あれ？と思ったら、一人で抱え込んでしまわないで……

人は家庭環境や教育環境など、さまざまな外的要因に影響を受けながら、一生を通して発達していく存在です。これは普通の人も、発達障害の人も同じです。つまり、**発達障害の人にも成長とともに改善されていく課題が多くあります。**小さい頃に配慮が受けられず、辛い環境の中で成長してきた発達障害の子でも、周囲からの理解と適切なサポートが得られれば、ライフステージのどの時点にあっても改善への道は見つかります。

つねに先手準備の成功例

事例７

▼学力は高いが、他人とのコミュニケーションが苦手【特定不能の広汎性発達障害の疑い・小学一年生男子】

［家族構成］父（三八歳・会社員）、母（三六歳・主婦）、弟（五歳）

小学校の入学式の朝、新一年生になったＧ君がものすごいダミ声で「あっちいけ！」と連呼していました。Ｇ君は慣れない環境で、予定を知らないまま行動する不安を抱え、はじめて会う大人に囲まれて、パニックを起こしていたのです。

避難訓練の日には、「今日は避難訓練だよ。避難訓練って何するかわかる？」と聞くと、「火事や地震の時の逃げ方を練習するんだ。常識じゃないか」との返事に安心していたら、上履きのまま運動場に出ることが許せなくなり、パニックになりました。

友達とのトラブルも絶えず、漢字の読めない友達に「なんでこんな簡単なのが読めないんだ」と何度も言っては泣かせ、友達との会話で脈絡なく、唐突に本で読んだ知識を披露しては「こんなの常識だ。知らないのは馬鹿だ」と言います。当然、友達は離れようとしますが、構わずどんどん会話に割り込んでくるので、ますます孤立してしまいました。

G君は年齢相応以上の単語解読能力をもっており、計算能力も高く、明らかに平均以上のIQをもっていました。しかし、ソーシャルスキルが欠けており、まわりの人たちと適切な社会的つながりをもつのが難しいようでした。担任の先生は、「特定不能の広汎性発達障害」ではないかと考えていましたが、非常に高い学力をもっているために、コミュニケーションの課題に対する保護者との共通理解には苦労していました。

そこで、G君に対して、**先手先手の準備**をつねに心がけることにしました。「トラブルやつまづきを起こしてしまった後」の後手の対応ではG君に受け入れられないこともあるからです。たとえば、友達を泣かせた後にただ注意するのでは、G君は「大人は自分の行動にダメだしばかりする」、ととらえてしまう危険があります。そこで、こちらがルールを決めつけるのではなく、**G君と一緒に相談し、納得した上で、みんなも守るルールを決めること**から始めました。「上履きのかかとは踏まない」「廊下は走らない」といった行動面のルールから入り、それを守ったら褒めて、ルール作りを少しずつ社会面にも広げていきました。

また、彼は自分の学習面での能力は高いと知っており、プライドも高かったのですが、じつは、漢字は読めても、ひらがなの正確な視写ができないなどの偏りがありました。しかし、このような苦手な部分への挑戦を「簡単だし、やらなくていい」と避けていました。そこで、苦手な科目の前には、事前に歌や楽器の練習をしたり、マットや跳び箱、ボール投げの練習をしたりすることで、彼が**「できる」という自信をもって、スムーズに授業に取り組める体制**を作りました。

Ｇ君が最も苦手なコミュニケーションについては、彼が絵本をよく読み、登場人物がどんな気持ちか表現する能力があったので、これを活用しました。Ｇ君は自分の行動が相手にどう映るかを考えるのがとても難しかったようです。そこで、Ｇ君のカメラの中で、先生方に登場人物になってもらい、生活の中でイライラした時や困った時はどうしたらいいか、表現してもらいました。

このようにＧ君が何に困っているか、どのような先手の支援が有効か、という模索を続けて一年が過ぎる頃――。机に向かい、落ち着いた様子でひらがなのなぞり書きをし、字のバランスについてアドバイスすると、「わかった」と消しゴムで素直に消して、もう一度丁寧に書き始めるほど落ち着いて過ごせるようになりました。「よく書けてるね」と褒めると、「こんなん、簡単や」と言いながらも、まんざらでもない顔を浮かべています。休み時間に迎えに来た友達とも、一緒に元気よく校庭に飛び出していくまでに成長しています。

このように、「どう支援するのが適切か」を早めに考えて実践することで、発達障害をもつ子どもたちの課題の改善へと導くことができるのです。

また、このＧ君の変化を支えたのは、臨床心理士のアプローチだけではありません。全教職員、給食の調理員、用務員に至るまで**全職員に情報を共有**し、たとえばＧ君がきちんと上履きを履いていたら、見た大人が全員褒める、というぐらい**一致団結した学校の体制**もあったのです。

つまずかない、傷つかない先の杖として

発達の仕方の中には、「つまずきやすい時期」というのがあり、一歳半～二歳半ぐらいまでは、かなり言葉の面での遅れが目立つのですが、三歳ぐらいになると急に言葉が伸びて、言葉の遅れが目立たなくなる、というような発達をします。また、集団生活（幼稚園）へ入った直後から一年間は、集団生活からはみ出すけれども、年中の後半から年長では集団生活の中でどう動いたらいいのかを学習し、また目立たなくなる時期が訪れます。

「違いが目立つ時期と目立たない時期を繰り返しながら成長し、発達する」というのが発達障害です。この中でのつまづきの積み重ねが、後年の困った行動の背景になってきます。逆に言えば、早く支援すればするほど、余分なつまずき、傷つきがなく、成長できるのです。児童精神科医の石川道子氏は、「発達障害の子を発達障害ではないと診た時に、本人に間違えた学習、つまずきを山ほどさせるが、発達障害ではない子を発達障害だと診た場合は害はないので、確定診断の有無にとらわれず、疑わしければまず支援してください」と訴えています。

発達障害の子に対する支援は、面倒で手間と隙のかかる、丁寧なやり方なので、本人には何も被害は起こりません。ただし、人手と時間がすごくかかるので周囲（とくにお母さん）の負担は増えます。だからこそ、お母さんが一人で抱え込まずに支援を受けて、地域の支援者と一緒に子

どもを育てていくことが大事なのです。

先手のトレーニング例

乳幼児期は、言葉の遅れだけでなく、粗大運動（歩く、座るなどの運動）の遅れも見られます。姿勢のコントロールや指の使い方が不十分だったり、感覚過敏があったり、生理的モニターがにぶい（尿意、便意、痛みなどに鈍感）だったりします。これは後で、座り方が不安定になってしまったり、身体のバランスが悪くなったり、運動が苦手になったり、肥満にも繋がります。とくに座り方は、入学後、長時間椅子に座ることになるため、本人は一生懸命椅子から落ちないよう、体を支えているのに、「だらけている」という評価を受けることもあります。

そこで、先手のトレーニングとして、**歩く、座る、止まるなど粗大運動を遊ぶ中で取り入れ、手をつないで歩いたり、手をまっすぐ伸ばしたり、ひざの上や不安定な足場でバランスをとらせてやると空間の感覚が身に付きます。**また、**指先でものをつかませたり、いろんなものを触らせたり、落とさないよう持たせたり、決められた枠の中に置かせたりすることで、指の操作の上達だけでなく、指先の神経は脳に直結していますので、脳の活性化にもつながります。**

これ以外にも、**動かすだけではなく静止するスキルや、体の力をいれる、ぬくといった操作も大**

事です。とくに発達リスクのある子どもは、事例7のG君のように、できない不安、わからない不安をいつも抱えているために身構えてしまっていることも多く、脱力が苦手です。怪我の予防にも繋がるので、親子で一緒に体操するなどして、柔軟性を高めてやってください。

また、これらのトレーニングの際は、なにか視覚的な手がかりや、一緒にやってくれる人がいるとよいでしょう。そして、一緒にやる時は、対面ではなく、横に並んでしてあげると、子どもは真似をしやすくなります。

診断はたしかに大事！　でも……

「あれ？」と感じて、診断を受けることは、子どもの困った行動が、親のしつけや本人の努力の問題ではなく、障害ゆえの問題であると認識してもらえるというメリットもあります。

ただ、診断するということは、支援を考えての診断であり、その後何をしてもらいたいとか、こういう支援があるということがわかった時に、診断というのは有効になるもので、支援のない診断は不安に陥れるだけです。

障害が疑われて診断・告知を受ける際、健診で受けた指摘・対応に不満を感じて、受け入れることができなかった、子どもの状態の的確な情報がもらえなかった、病院受診を勧められなかった、などの不満が実際にあります。なにより、子どもに障害の可能性があるという診断・告知は、ご両親にとって、辛いものであることを忘れてはなりません。

障害を疑う時期から受診へとつなぐためには、地域と医療機関のつながりを強めた障害の早期発見と早期対応、そして何よりお母さんの心の支援が同時期に進められるような体制づくりの充実と、子どもに関わる大人が、子どもの状態を正確に把握し、きちんと理解しておくことが大切だと言えます。では、どこに相談したら……という思いには、第3章をぜひ参考にしてください。

4 お母さん、お父さんにも早めのサポートを

お父さんやお母さんでも、原因がよくわからないまま発達障害のある子と過ごしていると、「なんだか育てにくい」、「大変」という思いを抱えてしまったり、「子育てがうまくいかない」、「どうしてうちの子だけ」、「私の育て方がよくないのだろうか」と悩んでしまったりすることがあります。それだけ、お子さんに対して愛情や責任をもっておられるのでしょう。そのような思いを日々抱えながら、子どもを育てるのは、本当に大変なことです。周囲の理解を得て、子育ての協力や支援をしてもらうということは、実際には、難しい場合も多いのではないでしょうか。

赤ちゃんの時に発達障害の診断がされることはあまりありませんが、発達障害と診断されたお子さんのお母さんが、あとになって「そういえば赤ちゃんのころから、泣きだすと抱っこしても身をそらして、本当に大変だった」とお話しされることも少なくありません。

子どもが小さいうちは、つねにその側にいる養育者（多くはお母さんでしょうか）が、精神的にも体力的にも参ってしまうということがあります。しかし、それは発達障害のあるなしに関係なく、赤ちゃんと過ごすにはかなりの精神力と体力が必要なのです。そうやって、私たちは、いのちを育み、つないでゆくという営みをしているのです。

子どもへのサポートはもちろん必要ですが、その**養育者へのサポートもとても大切**です。**早い時期に、その子の特徴を知って対応する工夫をしてゆくことで、親子ともに負担を軽減する**ことができます。事例8は、発達障害の疑いのある子を不安とストレスを抱えながら一人で育てようとするお母さんの事例です。

事例8

▼周囲の人たちが発達障害を理解せず、誰にも相談できない

［家族構成］H君、（二歳三ヵ月・発達障害の疑い）、父（三八歳・会社員）、母（三九歳・主婦）

H君は一歳半を過ぎても睡眠のリズムが定着しません。毎晩のように、夜中に目を覚ましては泣き叫び、お母さんが抱っこしても身をそらして怒ったように二、三時間も泣き続けます。

当初は協力的だったお父さんも「明日も仕事で朝早いから、なんとかしてくれ」とお母さんを責めるように言って、布団に入ってしまうようになりました。

それからは、Ｈ君が夜中に泣くとお母さんは一人でＨ君をベビーカーに乗せ、外に出て寝かしつけています。「お父さんは仕事で疲れているから」と思うと、お母さんは育児の辛さを相談できないまま一人で頑張り、睡眠不足になっていきました。

一度、たまりかねてお母さんは実母に相談しました。しかし、「赤ちゃんのうちはそんなものよ。今だけの辛抱」と言われ、同じ月齢の赤ちゃんがいるママ友達にも「うちの子も、まだ夜中に起きて泣くことがあるよ」と言われました。お母さんは「みんなこうやって子育てしているんだから、私もなんとか頑張ろう」と、育児の不安とストレスを抱えながらも、それを誰にも話せずに過ごしていました。

そんな時、一歳半健診でＨ君の言葉の少なさと視線が合いにくいことが指摘され、「二歳を過ぎてもあまり変わらないようであればまた来るように。様子を見てください」と保健師さんに言われました。「様子を見る」といってもどうすればよいのかわからず、不安なままお母さんはＨ君と過ごしていました。

そんなある日、お父さんの両親から「Ｈは名前を呼んでもこっちを見ないし、全然しゃべらない。母親がちゃんと声をかけず、愛情が足りないからじゃないか」と言われました。お母さんはいたたまれなくなり、お父さんの実家にあまり行かなくなりました。「私の育て方が悪いのか」という思いが頭をよぎり、お母さんは一人泣くこともありました。

結局、H君が二歳を過ぎても言葉が少ない、視線が合いにくい、話しかけても心が通う感じがしないので、ついにお母さんは保健所に電話して、保健師経由で臨床心理士と話をしました。お母さんが、H君の生まれた頃から現在の様子、家族に協力を頼みにくいこと、自分の育て方への不安などを話し、それを聞いた臨床心理士の「お母さん、それは大変だったでしょう。ずっと一人で頑張っていらしたのね」という言葉に、しばらく涙しました。

それ以来、お母さんは自分の気持ちや不安などを臨床心理士に相談し、H君を連れて定期的に保健所に来るようになりました。保健師とも顔なじみになり、些細な事からH君の成長まで一緒に話せるようになり、臨床心理士、保健師のサポートを得ながら、H君への具体的な対応を一緒に工夫して考えていくようになりました。

まだすべてがうまくいっているわけではありませんが、お母さんの気持ちはずいぶん楽になったようです。「頑張って自分がなんとかしなければ」という思いから、「頑張って自分がなんとかするために、協力してくれる人に頼っていったらよいのだ」と思えるようになったと話しています。これからH君の成長を一緒に見守り支えるための基礎の部分が築けたのです。

子育てのつらさを一人で抱えこまない

子育ての困難は、その子と長い時間をともにしている人以外には、わかりにくいことがあります。子育てがうまくいかないのを苦しく思うのは、それだけよき母になろうと一生懸命だからかもしれません。事例８のＨ君のお母さんと同じように、「私さえ頑張れば……」と、頑張って育児をしていても、「母親（父親）失格」「育て方が悪い」と周囲に言われたり、自分でそう思ってしまったりすることもあります。しかし、**「子育てには頑張ってなんとかなる部分」**と**「ならない部分がある」**のです。だから、一人で頑張りすぎず、抱えこみすぎないことが大切です。

また、Ｈ君には発達障害の子に見られるような、言葉が少ない、視線が合いにくい、睡眠リズムが定着しない、抱っこしても身をそらして泣き続ける、話しかけても心が通う感じがしない、名前を呼んでもこっちを見ない、などの特徴があります。この状態のＨ君と過ごすのは、お母さんにとって大変だったことでしょう。睡眠不足になると、体力的にも精神的にも追い詰められますし、話しかけても心が通う感じがしない感覚は、一生懸命愛情をもってＨ君に関わろうとするお母さんにとって本当にやりきれなかったのではないでしょうか。周囲の心ない声も、言った方に悪気がなくても、頑張っているお母さんに追い打ちをかけてしまいます。

子育てに不安、ストレスはあたりまえ

発達障害かどうかは、二歳の時点でははっきりしないことがほとんどです。小さいうちは、心身の発達の個人差も大きく、どの子にでも見られるという傾向もあります。このころに発達障害の兆しがあるからといって、発達障害であると決めてしまってはいけません。ただ、赤ちゃんの頃から適切な関わりをすることで、その子の成長を促すことができます。そして、早い時期から、臨床心理士や保健師、医師などが専門的な立場から関わっていくことで、早めにお父さんやお母さんを支え、一緒にお子さんの成長を見ていくことができるのです。また、保育士や教師なども協力して、お子さんに合った関わり方を工夫してゆくことができるようになっていきます。

H君はまだはっきりと発達障害であるという診断はされていませんが、お母さんは子育てのしんどさを話せる場所、一緒にこれからH君の成長を見てくれる専門家の協力を得ることができました。子育ては、発達障害の有無にかかわらず、思うようにいかないことが多いものです。一人で不安になったり、イライラしたり、悲しくなったりするのはごく自然なことです。そして、そうなった時に、ちょっと話ができたり、相談できたりする場があるという状況を作ることが大切です。家族や友人、周囲の人、専門家などをうまく頼って、一人で抱え込みすぎないようにしてもらいたいと思います。

一〇〇組の親子がいれば一〇〇通りの子育てがあるように、いつの時代でも子育てに正解はなく、育児に対する不安はつきものです。子育てに関わる中で、養育者（多くはお母さん）が不安やストレスと無縁でいることは不可能に近いと言えます。むしろ、子どもを育てていれば「誰でも」子育てについて不安を抱くことは当然で、イライラしたり、子どもにマイナスの気持ちを抱くことは少なからずあるものです。また、そのようなお母さんが増えていることが、原田正文によるによる一九八〇年（大阪レポート）と二〇〇三年（兵庫レポート）の比較調査で示されています。

現代の子育てはないないづくし

「育つ」「育てる」という行為は社会的な行為であり、社会的支援を必要とするのだという認識を政府が打ち出してから二〇年あまりたち、子育ての責任は、すべてお母さんにあるといった考え方は徐々に薄らいでいます。しかし、男女平等と言われながらも、すべてのお母さんが、あふれんばかりの愛情で、身を犠牲にしても赤ちゃんをかわいがることが当然だという、「母性愛神話」というべきものが、社会にはいまだに根強く残っています。

これに加え、厚生労働省でも、家庭や地域での子育て支援機能の低下を問題にしており、乳児期の親の孤立化が極端に進んでいること、自分の子どもを生むまで小さい子どもとの接触経験がまったくないままお母さんになる人が急増していることを挙げています。

つまり、お母さんたちの中には、核家族のために、身近に子育てを支援してくれる人や、子育て経験者がいない、病気の看病や離乳食の作り方がわからない、子どもの褒め方・叱り方がわからない、子どもの発達の個人差がわからない、自分の子育てが正しいのかわからない、何がわからないかもわからない、という、ないないづくしの中での子育てをしていることが考えられます。

地域的にも、子育ての伝承は十分とは言えず、不安を解消する手立てが身近にないまま、不安や悩みに共感してくれる仲間にも出会えず、「孤独な子育て」の中で、公園デビューをうまくできず、夜中に子どもと二人で公園で遊んだ、気がついたら一日中子どもと家の中にいた、というお母さんもいました。

なにより、現代では子育てに関する情報はあふれるほどありますが、その内容は統一されにくく、選択肢が増えるぶんだけ、正解を求める親を悩ませます。育児書と必死で向き合うよりも、経験豊富な年長者に、「大丈夫、ちょっとくらい失敗したって、なんとかなるものよ」と言ってもらえた方が、よほどお母さんたちは安心できるのではないかと思います。

「困った子」は本当に困った子？

別の面から、育児ストレスの原因となる「困った子」について考えてみましょう。

現場では、「困った子で……」と悩むお母さんのご相談をよく受けます。しかし、困った行動というのは、「お母さんやまわりが、困った行動だと思う」行動です。本人たちは困らせようと思ってやっているわけではなく、結果として困った行動になっているのです。**「困った子」は「困っている子」**と考え、こうした困った行動の背景を、冷静に見つめていくことが重要になります（４章参照）。

困った行動には、発達障害ではない要因もあります。個性の範囲で、発達上の幼さや、本人の興味関心の薄さ、過保護や過干渉による自立心や自律の力の低さ、などが挙げられます。

発達にリスクのある子は、自然に覚えられない行動や、できない行動があるため、いろいろな場面でつまづきます。このつまづいた時の周囲の対応によっては、**間違えた行動パターン**を身につけてしまうこともあり、この誤学習が困った行動に繋がっている場合があります。つまり、**発達障害だから困った行動をするのではなく、発達障害のつまづきと、周囲との関わりの中で、困った行動として現れてくる**のです。そのような意味でも早めの対策が大事といえます。

次に挙げるのは、幼児期にしやすい間違った学習例です。これらは学校入学後などに困った行動として表出してきます。

- 集団生活の過ごし方………いやがれば休める、みんなと同じことをしなくていい
- 友達の遊び方……………とにかく集団にはいればいい、暴力で解決できる
- 課題のクリアーの仕方……説明をきかないでやる、わからないのは拒否すればいい
- 大人との関係……………大人は怒ってばかりいる、大人は邪魔する

つぎの事例9で示すのは、「かんしゃくを起こせば嫌なことから逃げられる」という間違った学習をしてしまった、Iちゃんの事例です。Iちゃんは、まわりを困らせようとかんしゃくを起こしたのではなく、「困ったことから逃げる手段」として、かんしゃくを起こしていたのです。

事例9

▼周囲の間違った対応が「困った行動」へつながった【広汎性発達障害・小学四年生女子】

Iちゃんは、嫌なこと、苦手なことをする時は大暴れします。先生は他の子どもの対応もしなければならないので、ついIちゃんが嫌なことは避けるような対応を続けていました。

「だんだんかんしゃくがひどくなる」と、先生が相談に来たのですが、Iちゃんは「かんしゃくを起こせば、苦手な場面から逃げられる」、「自分の要求が受け入れられないなら、手を振り

上げて脅せばいい」というように、困った時に解決する方法を間違って学習していたのです。

Ｉちゃんには、例えば「かんしゃくを我慢できたら誉める、大好きなトランポリンの時間を増やす」というように、かんしゃくをおさえた方が得なことを、繰り返し伝え続けました。

すると六年生になる頃には、たまにイライラはしても、全体としてしっとりと落ち着いた女性に成長し、苦手な編み物でマフラーを作れるようになりました。

5 先を見据えた支援をするために――同世代とのつながり

発達障害をもつ保護者の方々には、共通して、「自分が、もしいなくなったら……」という子どもの将来に対する不安があります。もちろん、これには子どもを支え続けてくれる地域のコミュニティの存在が必要不可欠なのですが、**年長者が子どもを支えるだけでなく、同世代の中で、いかに受け入れられるかも**、子どもの将来にとても大切です。

すべての発達障害の子が、次の事例10のＪ君のようになるのは難しいと思いますが、こんなモデルもあることを知っていただければと思います。

事例10

▼特別支援学級から一躍ヒーローになった【自閉症スペクトラム・小学六年生男子】

［家族構成］父（四二歳・会社員）、母（三九歳・主婦）、姉（中学一年生）

J君は特別支援学級に通う、現在小学六年生の男の子です。計算は得意でも、文章問題が苦手だったり、時間に強いこだわりがあったり、パニックになると自傷行為もします。しかし、小さな頃からよく走っていたためか、身体能力は高く、ずっと体操の教室に通い続けるうちに、ついには跳び箱で転回飛び（跳び箱の上で逆立ちをして、回転して着地する）ができるようになりました。

これを全校の前で発表する機会があって、披露したところ、体育館に大きなどよめきが起こりました。一躍ヒーローの座へ駆け上がった彼の教室に、先生方だけでなく、いろんな学年の子が関わりに来るようになり、中学校見学の際には、彼の発表を見ていた中学生が、「あ、跳び箱すごい子だ」と覚えていてくれました。

もちろん、J君のコミュニケーションに課題はまだまだたくさんあります。しかし、一目置く存在として、子ども同士の教室での関わりによい変化があったこと、支え、受け入れてくれる仲間の存在を、J君の保護者の方が感じられたのはとても意義深いことです。

最後に、この取り組みは、言葉で示すよりも、実際に目で見た方が理解をしやすい特徴をもったＪ君のお手本役として、そしてチームメイトとして、三年間関わり続けてくれた小学生たちの協力があったことを述べておきます。

6 発達障害の支援をするときに大事なこと

ここまでに述べてきたことをまとめます。

- 診断は支援につながる
- 年齢の低い診断は、二次障害を予防できる
- 確定診断にこだわらずまず、支援する
- 子どもの情報処理の特性（感じ方、とらえ方）を理解し、効果的な対応をする
- 自然に獲得できないことがあるので、教えることが必要である
- できるのが当たり前という誤解をなくす
- 問題行動は適応行動ができないからと考える

・生涯にわたる支援を予定する

たとえ発達障害があったとしても、なにより親同士の仲がよければ子どもは嬉しいし、**身近な人に大切にされ、愛されているという実感があれば、子どもはおおらかに育つ健やかさをすべての子どもはもっています。**子どもは障害を治すために生まれてきたのではなく、その子の人生を生きるために生まれてきたわけですから、現在の子どもを否定せず、どしどし愛情、ぬくもりを与えてやりましょう。**子どもに愛情を伝える五カ条、**

①見つめる、②ほほ笑む、③話しかける、④さわる、⑤ほめる

を続けてやっていただきたいと思います。

蛇足になりますが、栄養状態の悪い子はＩＱが一一〇を超えない、などの実験結果も出ています。まずは、**早寝早起き、朝ごはん**ができているか、骨の成長を支えるだけでなく、精神を安定させる効果もあるカルシウムがきちんと摂取できているか、ぜひ生活を振り返ってみてください。

参考文献

相浦沙織・氏森英亞「発達障害児をもつ母親の心理的過程――障害の疑いの時期から診断名がつく時期までにおける一〇事例の検討」『目白大学心理学研究』三、二〇〇七年、一三一―一四五頁。

青山芳文「柔軟な個別理解とオーダーメイドの支援を」「そだちと臨床」編集委員会編「そだちと臨床」九、明石書店、二〇一〇年、一七―二〇頁。

石川道子「武庫川女子大学発達支援学術研究センター　二〇一一年度研究成果報告書講演集」。

岩田美香『現代社会の育児不安』家政教育社、二〇〇〇年。

厚生労働省「平成一七年度　少年非行事例等に関する調査研究報告書」二〇〇五年。

品田知美「無償労働の時間配分と社会福祉政策」『季刊　家計経済研究』七五、二〇〇七年、八三―九一頁。

伊達幸博「武庫川女子大学発達支援学術研究センター平成二三年度研究成果報告書」

谷本眞一『雲外に蒼天あり』阪急印刷出版社、二〇一一年。

服部祥子・原田正文・岡本正子・櫃本真聿「児童虐待発生要因の解明と児童虐待への地域における予防的支援方法の開発に関する研究」厚生労働科学研究費補助金　疾病・障害対策研究分野　子ども家庭総合研究、二〇〇四年。

本田由紀『家庭教育の隘路』勁草書房、二〇〇七年。

吉利宗久・林幹士・大谷育美・来見佳典「発達障害のある子どもの保護者に対する支援の動向と実践的課題」『岡山大学大学院教育学研究科研究集録』一四一、二〇〇九年、一―九頁。

Giacomo Rizzolatti et al. Premotor cortex and the recognition of motor actions, Cognitive Brain Research 3, 1996, p.131-141.

第3章 相談するところってどんなところ？

相談機関

1 発達障害に出会ったら

妊娠に気づく前から、赤ちゃんとお母さんの間には、深い絆が作られはじめます。しかし、とくにはじめての場合、子ども自体がどんな存在なのかわからず、期待と不安の両方を抱きながら、手探りで進んでいきます。思い通りにならないことが多く、潰れそうになることもあるかもしれません。悪循環に入ってしまうこともありますが、たいていは子どもたちがもつ発達エネルギーによって、そして子どもたちからの歩み寄りもあって、もちこたえて立ち直っていきます。

しかし、残念ながら、子どもたちが発達障害のような荷物を背負っている場合には、その発達のエネルギーを、十分に日常の生活やお母さんとの関係を築くことに費やせません。障害のある子どもたちが弱い存在なのではありません。障害を背負うということは、つまり**「生きにくさ」を経験すること**であり、生きていくために、自分の発達のエネルギーを余分に使わなければならないのです。だから、その分をお母さんや家族が補わなくてはなりません。そうなれば、それだけお母さんたちにエネルギーを与える人たちが、必然的に大切になってきます。それは家族や親族、近隣、友人……などたくさん考えられるのですが、育児に対する専門家、という存在も必要です。臨床心理士などよき専門家に出会えれば、お母さんたちの負担は軽くなっていきます。

2 相談する相手の人たちってどんな人？

デパートなどには、よく総合案内の受付があって、どこに行けばどんなものが買えるのかを、親切に教えてくれるところがあります。もしもお子さんのことで相談したくなったときに、どこに行けばいいのか教えてくれる場所があればありがたいですね。

でも、残念ながらそういう場所はなかなかありません。相談したい人の要望を聞き、どこが適切かを考えて教えるのは、ものすごく広い知識と専門性が必要です（電話相談には一部そういう機能をもったところもあります）。設置しているセクションによって内容が変わったりしますが、発達障害に関しては「児童相談所（76頁で詳しく説明します）」がいちばん適切かもしれません。または、お住まいの自治体に、発達障害の専門相談窓口を設けているところもあります。しかし、いずれにしても「これだけですべて事足りる」というところはありません。お子さんの年齢や状態、お母さんのニーズによって事情は異なりますから、それに合った適切なところを探していかなくてはなりません。

日本は、縦割り行政という弊害によって、医療・福祉・教育などの各領域に分断されがちで、相談するところも、この影響から十分な連携がとれているとは言えず、それぞれが単独でやっている場合もあり、現状では有機的な連携があるとは言えません（後でもう少し詳しく説明します）。

一言で「相談する」といっても、いろいろな側面があります。

「お子さんの障害に関する必要な情報が得たい」、「治療・教育していけるのなら、その方法が知りたい」、「実際に訓練を受けたい」など、専門家からアドバイスを受けたいという種類の相談があります。一方で、「どうしていいかわからないので、自分の悩みを聞いてほしい」、「混乱している心の状態を整理したい」など、「今の苦しさを少しでも楽にしてもらいたい」、というカウンセリングを求める種類のものもあります。また、その中間もあれば、その両方を同時に得たいという場合もあります。

このように、相談したい人のニーズによっても、相談の内容や目的が変わってきます。そして、この**相談の目的によって、対応する専門職種が異なってきますし、その相談に応じる機関も変わってきます**。決めつけはできないのですが、とくに後者の対応ができるのは、臨床心理士やその他の心理職、児童精神科医師などです。お母さんたちがどこかに相談に行った時に、相談を受けてもらう相手の職種やキャリア、相談機関の設置目的によって、相談の質が異なってきます。そこで、実際行ったときに不満が残らないよう、これから少し詳しくお話しします。

3 乳児期の相談をする時は

「なんとなく他の子と比べて気になる」という思いは、残念ながら、当たっていることも多いようです。しかし、乳児期に第2章にあったような発達障害の兆候が見られても、その後、発達障害と診断されるかを、さまざまな発達の個性を見せる赤ちゃんの中で、はっきりと見つけ出すことは簡単ではありません。だからこそ、他の子との違いに対するさまざまな思いを、しっかりと聞いてもらい、適切なアドバイスをしてくれる専門家が必要となります。

乳児期は、やはり医療機関が中心になります。

出生時にリスクがあった場合、ＮＩＣＵや、新生児病棟のある大病院と関わることがありますが、こういうところには、医師だけでなく、専門の臨床心理士がいる場合があります。極低出生体重児（極小未熟児）で生まれた場合、発達障害やその他の障害のリスクが高まるので、お母さんたちは不安や子どもに対する罪悪感を感じやすくなります。そのためにも、そこにいる**専門性の高い臨床心理士に相談を委ねる**ことが大切です。あまりポピュラーではないのですが、神戸市ではこのような母子だけを集めたグループ活動（ＹＯＹＯクラブ）を定期的に開催しており、小児科の医師や心理系の大学教員によって相談も行われています。

しかし、多くの場合は、「癇《かん》が強い」「夜泣きがひどい」「いつも眠ってばかりいる」「なんとなく視線が合わない」「あまり笑わない」などの心配があっても、身体的な成長や健康のことを中心に、かかりつけ医や、地区担当の保健師（新生児訪問担当者など）に相談することが精一杯だと思います。かかりつけ医も小児科であっても、身体の病気以外、とくに全般的な「発達」を診てくれる場合でないと、このような心配はなかなか相談しにくいかもしれません。それでも思いきって相談してみると、適切な専門病院や専門相談機関を紹介してもらえる場合もあります。しかし、やはり乳児期の発達障害に関する相談を、受けてくれるところはとても少なく、一歳を過ぎて幼児になってからが本番になると思います。

4 幼児期の相談をする時は

幼児の時期に入って、目立って大きく変化するのが、「歩行」と「言葉」です。他の動作、たとえば大人のまねをして、さまざまな日常使う道具を使ってみようとしたり、指さしをよくするようになったり、すねたり、いたずらをしたりすることも、一歳半ばから急に増えてくるのですが、わかりやすいので、この二つのことにお母さんたちの関心も高くなってきます。

歩行がいつごろにできるかが、その子どもの発達が順調かをあらわすくらい重要と考えられています。一般的にはだいたい一〇ヵ月～一歳半ばあたりに歩行ができるようになるのですが、遅いとお母さんの心配も高まります。でも、それよりも「走り回ってばかりいて落ち着かない」「迷子になりやすい」「抱っこや手をつなぐことを嫌がる」など、いつ歩行できるようになったかどうか以上に、発達障害と関係の深い行動的特徴があります。

言葉も「いくつ話せる」という数の問題ではなく、喃語《なんご》（バブバブなど、赤ちゃんのまだ言葉にならない段階の言語）から始まって、だんだん質・量ともに向上していくプロセスをたどっているか、人とコミュニケーションをとるときに使われているか、気持ちとつながった言葉が出ているか、偏った分野の言葉ばかり増えていないかなどが、発達障害に関係の深い特徴になってきます。

①乳幼児健診

このように、発達障害を念頭に入れると、年齢が小さければ小さいなりの、専門相談が必要になってきます。

じつは、この点に関してわが国には、世界に誇れるシステムがあります。母子保健法に定められている乳幼児健康診査です。とくに一歳六ヵ月健診、三歳児健診が、この時期の子どもたちにとって重要となります。ここでは、子どもたちの心身の健康・発達・養育環境などを、総合的にアセスメント（査定）して、相談支援活動をします。また、最近は地方自治体によっては、五歳児健診を行うところもあります。今後、これが就学前に行う相談の中核になるかもしれません。

この乳幼児健診は、日本にいる九〇％以上の子どもたちが受診しており、今は保健所とは区別されている、市町村の母子保健センター（母子健康センター、保健センターなどの名称もあります）で毎月実施されています。市町村によって内容は若干異なりますが、事前に送られてきた、以下のような内容の答えを問診票に記入し、健診に臨みます。昨今は、子ども虐待の早期発見や防止の視点から、家庭の養育状況や育児負担感を問うものもあります。

- 身体発育状況
- 栄養状態
- 脊髄と胸郭の疾病および異常の有無
- 皮膚の疾病の有無
- 歯と口腔の疾病および異常の有無
- 四肢運動障害の有無
- 精神発達の状況

- 言語障害の有無
- 予防接種の実施状況
- その他の疾病や異常の有無
- しつけや食事、事故、社会性の発達などといった育児上の問題……など

おもに保健師が中心的に対応するのですが、医師（小児科、歯科）による診察も含まれ、その他に歯科衛生士、栄養士などによる相談コーナーも設けてあります。そこに臨床心理士や、臨床発達心理士などの資格をもった（もっていない場合もありますが）発達相談員（心理相談員など名称もいろいろです）のコーナーがあり、問診でチェックが多く入ったり、相談希望があったりする場合、発達全般や発達障害・育児に関する不安などの内容の相談を受けてくれます。

しかし、このようにスムーズに発達相談のところで相談できればいいのですが、そうはいかないことがあります。健診そのものがお母さんにプレッシャーを与え、「上手に育てているか」「子どもに問題があるのか」を、厳しい目でチェックされるように思ってしまうこともあるのです。

健診は日々の育児の様子がさらけ出され、あまり考えたくないことに直面させられるところではありません。**健診は、地域の母子保健センターなど、行政機関とつながるチャンスの場であり、担当保健師と知り合うチャンス**です。保健師は家庭訪問もしてくれて、家を出にくいお母さんに

は助かります。**お母さんを支えてくれる公的な機関は、今後の育児にかなりプラス**になります。

また、発達相談員の人は、心理学をしっかりと学んでいるので、じっくり話を聞いてくれて、生活に根差したアドバイスがもらえます。Ｋ式発達検査というような発達検査を使って、詳しく子どもの状況を判断したうえで、具体的に相談に乗ってくれることもあります。

その他にも、継続的に相談に乗ってもらえたり、センターが開催している母子教室で、子どもを遊ばせながら定期的に相談を受けてもらえたりもします。地域の市町村の公的なバックアップがあることで、活用できるさまざまな場所や、制度などの情報が入ってきますし、不安な時に連絡できる機関や人をもつことは重要です。

② 専門機関

●児童相談所

子どもの発達の問題が大きかったり、発達障害と診断されたり、発達障害の可能性が懸念されたりする場合に、専門性の高い機関を紹介されることがあります。どこの機関に紹介されるかによって、その後の動きが変わることもありますし、住んでいる都道府県、市町村によって、資源専門機関の種類や数が違いますので、一概にどこがいいと言えないところがあります。そして、機関間での連携がうまくいっているところと、そうでないところがあるのも事実です。

まず、日本全国どこであっても、かならず管轄しているのが児童相談所です。章末（90頁）にこの児童相談所の所在地リストを載せますので、参考にしてください。

児童相談所は、児童福祉法によって、都道府県、政令指定都市（一部中核市）が設置している児童福祉の専門機関です。平成二三（二〇一一）年末、全国で二〇六カ所があり、**〇歳から一七歳の子どもに対するさまざまな相談援助活動**を行っています。働いているのは、それぞれの地方自治体の公務員で、社会福祉の立場で児童福祉司、心理の立場で児童心理司、医学の立場で医師などがチームを組んで、相談に応じることができます。地方自治体の考え方によって、児童相談所の名称が変わっていたり、職員配置の比率が異なっていたりして、国立の機関とは違った地方性があります。

子ども虐待の専門機関のように思われていますが、**相談件数の約半分は、子どもの障害に関するもの**です。知的障害児に、福祉的な相談や援助を受けやすくする、療育手帳の判定も行っています。発達障害の場合、児童福祉司には今後の方針や施設利用について、児童心理司には発達・知能検査などの心理検査を通して考えられる発達支援について、医師からは医学的診断や医療的な処遇についての相談を受けることが多いと思います。

ただ、実際に乳幼児健診の場で児童相談所に紹介されると、お母さんが大きなショックを受け、高いハードルを感じることも多いようです。専門機関を紹介されるだけで、子どもの問題を宣告されたことになりますので、たいへんなストレスを感じるかもしれません。また、児童相談所は子ども虐待の専門機関として有名ですし、住んでいる市町村から離れたところにある場合や、都道府県と市町村という地方自治体の壁によって、連携が悪くなっている場合もあります。

でも、**もし子どもに発達障害があり、そのことで「苦しさ」「生きにくさ」を背負っているのであれば、できるだけ早く対応することが必要**です。**児童相談所は、施設での療育や訓練に関して、一定の情報とルートをもっています**。どこに相談していいのかわからないとき、かなり深刻な状況になっていると感じたときなど、敷居は高いかもしれませんが、掲載したリストからお住まいにいちばん近い児童相談所に電話をされてもいいと思います。

●療育センター

紹介されたところが児童相談所でなくて、療育センターの場合があります。

療育センターは、診療部門と療育・訓練部門をもつ大規模なものから小規模なものまであり、**医療と福祉の中間的な位置づけ**、と考えてもよいかもしれません。地方自治体が設置している場合もあれば、社会福祉法人やＮＰＯなど民間委託をしているところもあります。乳幼児健診と同じ自治体が設置している場合には、連携はうまくいきやすいですし、医療や療育・訓練などもうまく連携していけます。

多くの療育センターには、発達相談や療育相談などを受けてくれる専門相談員がいます。とくに心理職がお母さんの支援をしている場合は、気軽に相談してみてください。また、障害児を受け入れている福祉施設でも、同様のことをしているところもあります。

最近、児童発達支援センターや、総合的な支援センターが設置されるなど、発達障害に対する支援に新しい動きが出てきています。

●その他の専門病院

専門病院を紹介される場合もあるかもしれません。大病院だけではなく、素晴らしい医師のいる個人クリニックの場合もあると思います。

発達障害の診断を受けるかどうかということより、**いずれどこかで、発達障害のわかる医師に相談をする必要はあります**。「生きにくさ」を背負っている子どもは、生まれつきもっている、「なんらかの弱さ」や、まわりに適応して暮らすために無理することで、心身に異常をきたす場合があるからです。医学的見地からの支援も、視野に入れてみてもよいでしょう。また、病院には、心理職や医療ソーシャルワーカーがいることもありますので、チャンスがあれば相談してみてください。

ひとつ気をつけなくてはならないのは、病院の場合、次につないだり、他の専門機関を紹介したりする機能が弱いこともあります。このためにも、病院につながるだけではなく、やはり公的機関ともつながっていることが大切だと思います。

他にも、教育関係の相談機関や発達障害者支援センターなどでも、幼児の相談を受けてくれますが、児童期以降の部分で紹介します。

③ その他の相談機関

発達障害に関する相談だけではなく、広く育児相談ができる場所は増えています。あまり数は多くないのですが、児童養護施設が設置している児童家庭支援センターや、市町村の福祉事務所に置かれている家庭児童相談室などは、児童福祉の専門家が対応してくれることが多いと思います。その他、各地方自治体が独自で行っている、子育て支援施策にのっとった相談機関が、保育所、幼稚園、児童館、地域交流センターなどに置かれていることもあります。発達障害の専門性からの視点ではなく、育児全般、家庭生活、幼稚園や保育所での集団生活に関する相談を気軽にできるよう、かかりつけ医のような相談場所を作っておいてもよいでしょう。

5 児童期以降の相談は

小学校に入ってからも、先に紹介した児童相談所などとの機関とのつながりは同じです。しかし、新たに教育委員会が設置するものとの関係が加わってきて、どちらかといえば、そちらが優先されていくことになると思います。

① 教育センター・教育相談所

都道府県、市町村の教育委員会が運営している教育センターや教育相談所の中には、子どもの学校不適応に関して相談を受ける部門があります。

不登校なども含めたさまざまな問題が対象となっていますが、平成一九（二〇〇七）年度から正式に実施された特別支援教育の影響によって、とくに発達障害と考えられる子どもたちを、相談の対象にすることが増えています。神戸市が設置している「こうべ学びの支援センター」は、発達障害に特化した相談機関です。

その他のところでも、知能・発達検査などの心理検査が行われ、アセスメントをしっかりして、

学校教育場面での子どもたちの適応について、専門的に対応しています。相談を受ける人は現役、退職の教師もいますが、臨床心理士など心理専門職を配置しているところもあります。今までの機関と大きく違うことは、**公立学校との強いパイプ**をもっていて、学校への巡回などを通して、学校への働きかけができることです。

ただし、このような場所は、学校からの紹介でつながることが多いため、**学校との連携が大切**です。突然呼び出されて、教育センターに行くように言われることなどもあるかもしれません。そこで学校との関係がぎくしゃくすることがあるかもしれませんが、子どもは学校とお母さんの関係が悪くなることは望んでいませんし、いちばんそのしわ寄せを受けるのが子どもです。特別支援教育が少しずつ学校場面に定着してきているので、発達障害の問題に対して、無茶苦茶な学校の対応は減っていると思いますが、行き違いや誤解によるいらぬトラブルは少ないほうがいいですね。

② 通級指導教室・特別支援学校

● 通級指導教室

その学校の特別支援学級（昔は障害児学級、特殊学級などと呼ばれていました）を利用する以外に、学校から通級指導教室を紹介される場合があります（学校を通さずに先に相談をかけることもあるかもしれません）。学校の途中や、終わってから行ったりする、別の学校にある教室です。

子どもは、そこの先生と一対一ないしグループで、遊んだり、訓練的なことをしたり、勉強したりします。その間にお母さんも、別の先生に相談をしてもらうこともできます。いくつか教室の種類はあるのですが、とくに発達障害に関係するのは、**言語障害**（ことばの教室などと呼ばれることが多いです）、**情緒障害の教室**です。学校ですから、対応してくれるのは、専門的な研修を受けた経験豊かな現役の教師が多いです。学校のことをよく理解していて、学級担任とは少し違った視点で子どもを見てくれるのでありがたいです。

●特別支援学校

昔、養護学校と言っていた学校が今、特別支援学校という名称になりました。名前が変わっただけでなく、**地域における障害児に対するセンター的機能**ももつようになり、学校の個々の先生も相談・対応してくれるようになってきました。まだ十分とは言えない段階ですが、これから増えてくるかもしれません。

③ スクールカウンセラーなど

学校場面での相談といえば、まずスクールカウンセラーの名前が出てくるほど、その存在が定着してきました。週一日の来校が大半ですが、公立のほぼ全部の中学校と、一部の小学校に配置されるようになりました。もともと、**「心のケア」**という視点で、不登校やいじめなどの問題の対応を中心としていたのですが、学校場面で発達障害がある子どもの対応が急務になっていますので、これらの問題のアセスメントや相談に深く対応できるカウンセラーも増えてきています。「カウンセラー」という名前のとおり、お母さんもカウンセリングを受けることもできますので、肩の荷が下りたり、心身が楽になったりする相談に出会えると思います。拠点校方式をとっているところが多いので、中学校だけでなく、その校区の小学校でも利用できます。できるだけ、気軽に活用してみてください。

また、一部の学校では、スクールソーシャルワーカーを配置しているところがあります。ソーシャルワーカーも相談に乗ってくれますが、制度や、専門相談機関の活用などの視点ももっていることが少し異なります。

④ 民間団体・大学の相談室など

●民間団体

教育委員会が関係している、公的なもの以外にも、相談できるところはあります。発達障害のある子どもたちのための教室や、訓練を行っている民間の施設です。公的機関ではないので有料のところが多いのですが、ここでの訓練や、○○療法、教育、療育のプロセスの中で、お母さんの相談を受けてくれると思います。また、それぞれの発達障害の親の会が、独自で相談窓口をもっている場合もあります。これらのところは、**発達障害に深い理解とスキル**をもっていますが、お母さんが発達障害に対する理解や、その子どもを育てていく覚悟が十分ではない場合には、苦しくなったり、しんどくなったりすることがあるかもしれません。

●大学の相談室

もう一つ少し毛色の違った場所があります。一般の臨床心理士が開業している相談室などもありますが、それとは異なり、臨床心理学、発達心理学、障害児教育などを専門的に教えている大学・大学院がもっている相談室です。民間団体と同じように、訓練などを研究している大学・大学院もありますが、臨床心理士を養成している大学院の相談室では、少し違ったアプローチをとる場合があります。発達障害の問題に対する直接的な対応ではなく、子どもが受けたストレスの軽減や傷ついた心のケア、人間関係の信頼回復、発達の促進などをめざすとともに、**お母さんのカウンセリングを中心**に行っていきます。相談内容によっては、こちらのタイプの対応がフィットする方もいらっしゃるでしょう。

⑤ 発達障害者支援センター

発達障害者支援センターは、発達障害者支援法において、都道府県（政令指定都市）に設置されるようになった施設です。**発達障害児の早期発見、早期発達支援のため、発達障害者とその家族に対して専門的に相談に応じ、助言や専門的な発達支援（療育）と、就労支援を行うことなどを目的としています。**都道府県知事が指定した社会福祉法人か、都道府県自らが業務を行う施設のことを言います。**幼児から成人まで対応してくれるので、とくに日本で手薄になっている思春期・青年期の時期の問題に対応してくれる、貴重な施設**です。

専門スタッフがきめ細かな対応をしてくれますが、まだ歴史が浅いこと、発達障害があるとされている子どもたちの人数に対して、施設数が少なすぎることなどが問題となっています。期待が大きいだけに、まだまだ充実させていかなくてはならない部分が多いようです。

大学の相談室の一例

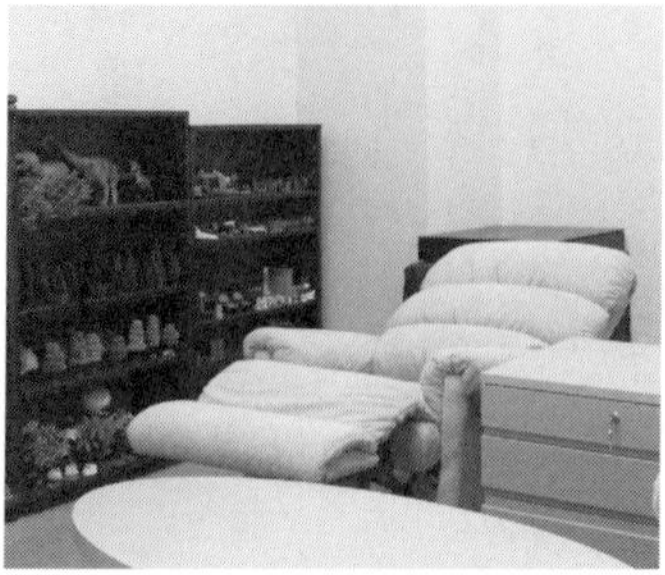
箱庭面接室

来談者側玄関

カウンセリングルーム

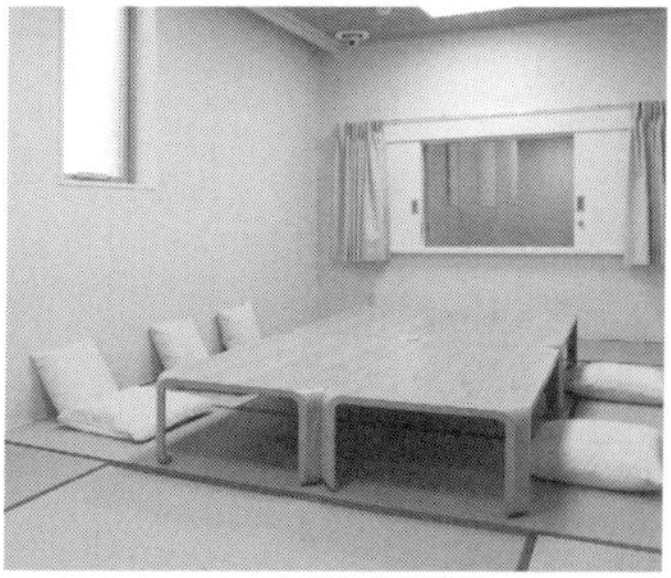
グループカウンセリングルーム

プレイルーム

プレイルーム

6 まずは相談へ、一歩踏み出そう

子どもの年齢別にお母さんたちが「相談」する、という視点で、相談場所についていろいろと挙げてみました。ここまで読んで、ご理解いただけたと思うのですが、日本の相談体制は縦割り行政の影響もあってか、まだまだバラバラな印象があります。どこか一つにつながれば、後はスムーズにつながっていくシステムや、複数の中から自由に選択できるシステムが、今後充実していくことを望みます。

いま、とくに発達障害に対する社会の動きが活発になっています。これからしばらくは、制度や施策にも変化がでてくるでしょう。似たような名前の機関や施設が多くて混乱しやすいですが、今後、整理されて、よりよいシステムができあがっていくことを期待します。

子どものことを相談することに対して、全般的に日本のお母さんたちは消極的なようです。「相談だけにお金を払う」「カウンセリングを受ける」ということに慣れていません。

子どもが発達障害かもしれないとわかったとき、子どもたちの「生きにくさ」は、私たちが想像するよりももっと大変なのだという思いをもって、まずはどこかに相談してみてください。できれば、複数のところに関わることをお勧めします。そして、どこかで、「この人」という相談相手が見つかれば幸せだと思います。違ったことをいろいろ言われて、混乱することもあるかもしれませんが、最終的にその子どものいちばんの専門家はお母さんですから、そこに責任と自信がもてるようになるといいですね。カウンセラーは、そういうお母さんを支えてくれると思いますし、相談機関の専門職の人たちは有益な情報を与えてくれます。

今は電話相談だけでなく、インターネットでの情報収集や相談などもさかんです。でも、できれば、一対一で相談をしてくれる相手に、じかに会ってください。いろんな思いから躊躇してしまうかもしれませんが、一歩踏み出すことが、親子ともども元気になっていくことにつながります。

全国児童相談所一覧（平成23年12月20日現在）

児童相談所全国共通ダイヤル
お住まいの地域の児童相談所に電話をおつなぎします。
0570-064-000
http://www.mhlw.go.jp/bunya/kodomo/dv30/h23.html

都道府県 政令指定都市	児童相談所	〒	住所	電話番号
1　北海道	中央児童相談所	064-8564	札幌市中央区円山西町2-1-1	011-631-0301
	旭川児童相談所	070-0040	旭川市10条通11	0166-23-8195
	稚内分室	097-0002	稚内市潮見1-11	0162-32-6171
	帯広児童相談所	080-0801	帯広市東1条南1-1-2	0155-22-5100
	釧路児童相談所	085-0805	釧路市桜ヶ岡1-4-32	0154-92-3717
	函館児童相談所	040-8552	函館市中島町37-8	0138-54-4152
	北見児童相談所	090-0061	北見市東陵町36-3	0157-24-3498
	岩見沢児童相談所	068-0828	岩見沢市鳩が丘1-9-16	0126-22-1119
	室蘭児童相談所	050-0082	室蘭市寿町1-6-12	0143-44-4152
2　青森	中央児童相談所	038-0003	青森市石江字江渡5-1	017-781-9744
	弘前児童相談所	036-8065	弘前市大字西城北1-3-7	0172-36-7474
	八戸児童相談所	039-1101	八戸市大字尻内町字鴨田7	0178-27-2271
	五所川原児童相談所	037-0046	五所川原市栄町10	0173-38-1555
	七戸児童相談所	039-2571	上北郡七戸町字蛇坂55-1	0176-60-8086
	むつ児童相談所	035-0073	むつ市中央1-1-8	0175-23-5975
3　岩手	福祉総合相談センター	020-0015	盛岡市本町通3-19-1	019-629-9600
	宮古児童相談所	027-0075	宮古市和見町9-29	0193-62-4059
	一関児童相談所	021-0027	一関市竹山町5-28	0191-21-0560
4　宮城	中央児童相談所	980-0014	仙台市青葉区本町1-4-39	022-224-1532
	東部児童相談所（※仮事務所）	986-8580	石巻市南境新水戸1（石巻専修大学体育館内）	0225-95-1121
	気仙沼支所	988-0066	気仙沼市東新城3-3-3	0226-21-1020

4　宮城	北部児童相談所	989-6161	大崎市古川駅南 2-4-3	0229-22-0030
5　秋田	中央児童相談所	010-1602	秋田市新屋下川原町 1-1	018-862-7311
	北児童相談所	018-5601	大館市十二所字平内新田 237-1	0186-52-3956
	南児童相談所	013-8503	横手市旭川 1-3-46	0182-32-0500
6　山形	中央児童相談所	990-0031	山形市十日町 1-6-6	023-627-1195
	庄内児童相談所	997-0013	鶴岡市道形町 49-6	0235-22-0790
7　福島	中央児童相談所	960-8002	福島市森合町 10-9	024-534-5101
	県中児童相談所	963-8540	郡山市麓山 1-1-1	024-935-0611
	白河相談室	961-0074	白河市字郭内 127	0248-22-5648
	会津児童相談所	965-0003	会津若松市一箕町大字八幡字門田 1-3	0242-23-1400
	南会津相談室	967-0004	南会津町大字田島字天道沢甲 2542-2	0241-63-0309
	浜児童相談所	970-8033	いわき市自由が丘 38-15	0246-28-3346
	南相馬相談室	975-0031	南相馬市原町区錦町 1-30	0244-26-1135
8　茨城	福祉相談センター	310-0011	水戸市三の丸 1-5-38	029-221-4992
	日立児童分室	317-0072	日立市弁天町 3-4-7	0294-22-0294
	鹿行児童分室	311-1517	鉾田市鉾田 1367-3	0291-33-4119
	土浦児童相談所	300-0812	土浦市下高津 3-14-5	029-821-4595
	筑西児童相談所	308-0847	筑西市玉戸 1336-16	0296-24-1614
9　栃木	中央児童相談所	320-0071	宇都宮市野沢町 4-1	028-665-7830
	県南児童相談所	328-0042	栃木市沼和田町 17-22	0282-24-6121
	県北児童相談所	329-2723	那須塩原市南町 7-20	0287-36-1058
10　群馬	中央児童相談所	379-2166	前橋市野中町 360-1	027-261-1000
	北部支所	377-0027	渋川市金井 394	0279-20-1010
	西部児童相談所	370-0829	高崎市高松町 6	027-322-2498
	東部児童相談所	373-0033	太田市西本町 41-34	0276-31-3721
11　埼玉	中央児童相談所	362-0013	上尾市上尾村 1242-1	048-775-4152
	南児童相談所	333-0848	埼玉県川口市芝下 1-1-56	048-262-4152
	川越児童相談所	350-0838	川越市宮元町 33-1	049-223-4152
	所沢児童相談所	359-0042	所沢市並木 1-9-2	04-2992-4152
	熊谷児童相談所	360-0014	熊谷市箱田 5-12-1	048-521-4152
	越谷児童相談所	343-0033	越谷市大字恩間 402-1	048-975-4152

11　埼玉	草加支所	340-0035	草加市西町 425-2	048-920-4152
12　千葉	中央児童相談所	263-0016	千葉市稲毛区天台 1-10-3	043-253-4101
	市川児童相談所	272-0026	市川市東大和田 2-8-6	047-370-1077
	柏児童相談所	277-0831	柏市根戸 445-12	04-7131-7175
	銚子児童相談所	288-0813	銚子市台町 2183	0479-23-0076
	東上総児童相談所	297-0029	茂原市高師 3007-6	0475-27-1733
	君津児童相談所	299-1151	君津市中野 4-18-9	0439-55-3100
13　東京	児童相談センター	162-0052	新宿区戸山 3-17-1	03-3208-1121
	北児童相談所	114-0002	北区王子 6-1-12	03-3913-5421
	品川児童相談所	140-0001	品川区北品川 3-7-21	03-3474-5442
	立川児童相談所	190-0012	立川市曙町 3-10-19	042-523-1321
	墨田児童相談所	130-0022	墨田区江東橋 1-16-10	03-3632-4631
	杉並児童相談所	167-0052	杉並区南荻窪 4-23-6	03-5370-6001
	小平児童相談所	187-0002	小平市花小金井 1-31-24	042-467-3711
	八王子児童相談所	193-0931	八王子市台町 2-7-13	042-624-1141
	足立児童相談所	123-0845	足立区西新井本町 3-8-4	03-3854-1181
	多摩児童相談所	206-0024	多摩市諏訪 2-6	042-372-5600
	世田谷児童相談所	156-0054	世田谷区桜丘 5-28-12	03-5477-6301
14　神奈川	中央児童相談所	252-0813	藤沢市亀井野 3119	0466-84-1600
	鎌倉三浦地域児童相談所	238-0006	横須賀市日の出町 1-4-7	046-828-7050
	小田原児童相談所	250-0042	小田原市荻窪 350-1	0465-32-8000
	県北地域児童相談所	252-0206	相模原市中央区淵野辺 2-7-2	042-750-0002
	厚木児童相談所	243-0004	厚木市水引 2-3-1	046-224-1111
15　新潟	中央児童相談所	950-0121	新潟市江南区亀田向陽 4-2-1	025-381-1111
	長岡児童相談所	940-0865	長岡市四郎丸町 237	0258-35-8500
	上越児童相談所	943-0807	上越市春日山町 3-4-17	025-524-3355
	新発田児童相談所	957-8511	新発田市豊町 3-3-2	0254-26-9131
	南魚沼児童相談所	949-6680	南魚沼市六日町 620-2	025-770-2400
16　富山	富山児童相談所	930-0964	富山市東石金町 4-52	076-423-4000
	高岡児童相談所	933-0045	高岡市本丸町 12-12	0766-21-2124
17　石川	中央児童相談所	920-8557	金沢市本多町 3-1-10	076-223-9553

17　石川	七尾児童相談所	926-0031	七尾市古府町そ部8	0767-53-0811
18　福井	総合福祉相談所	910-0026	福井市光陽2-3-36	0776-24-5138
	敦賀児童相談所	914-0074	敦賀市角鹿町1-32	0770-22-0858
19　山梨	中央児童相談所	400-0005	甲府市北新1-2-12	055-254-8617
	都留児童相談所	402-0054	都留市田原3-5-24	0554-45-7838
20　長野	中央児童相談所	380-0928	長野市若里7-1-7	026-228-0441
	松本児童相談所	390-1401	松本市波田9986	0263-91-3370
	飯田児童相談所	395-0157	飯田市大瀬木1107-54	0265-25-8300
	諏訪児童相談所	392-0027	諏訪市湖岸通り1-19-13	0266-52-0056
	佐久児童相談所	385-0022	佐久市岩村田3152-1	0267-67-3437
21　岐阜	中央子ども相談センター	500-8385	岐阜市下奈良2-2-1	058-273-1111
	西濃子ども相談センター	503-0852	大垣市禾森町5-1458-10	0584-78-4838
	中濃子ども相談センター	505-8508	美濃加茂市古井町下古井字大脇2610-1	0574-25-3111
	東濃子ども相談センター	507-8708	多治見市上野町5-68-1	0572-23-1111
	飛騨子ども相談センター	506-0032	高山市千島町35-2	0577-32-0594
22　静岡	中央児童相談所	422-8031	静岡市駿河区有明町2-20	054-286-9236
	賀茂児童相談所	415-0016	下田市中531-1	0558-24-2038
	東部児童相談所	410-8543	沼津市高島本町1-3	055-920-2085
	富士児童相談所	416-0906	富士市本市場441-1	0545-65-2141
	西部児童相談所	438-8622	磐田市見付3599-4	0538-37-2810
23　愛知	中央児童・障害者相談センター	460-0001	名古屋市中区三の丸2-6-1	052-961-7250
	海部児童・障害者相談センター	496-8535	津島市西柳原町１－１４	0567-25-8118
	知多児童・障害者相談センター	475-0902	半田市宮路町1-1	0569-22-3939
	西三河児童・障害者相談センター	444-0860	岡崎市明大寺本町1-4	0564-27-2779
	豊田加茂児童・障害者相談センター	471-0877	豊田市錦町1-22-1	0565-33-2211
	新城設楽児童・障害者相談センター	441-1326	新城市字中野6-1	0536-23-7366

23　愛知	東三河児童・障害者相談センター	440-0806	豊橋市八町通 5-4	0532-54-6465
	一宮児童相談センター	491-0917	一宮市昭和 1-11-11	0586-45-1558
	春日井児童相談センター	480-0304	春日井市神屋町 713-8	0568-88-7501
	刈谷児童相談センター	448-0851	刈谷市神田町 1-3-4	0566-22-7111
24　三重	北勢児童相談所	510-0894	四日市市大字泊村 977-1	059-347-2030
	中勢児童相談所	514-0113	津市一身田大古曽 694-1	059-231-5666
	南勢志摩児童相談所	516-8566	伊勢市勢田町 622	0596-27-5143
	伊賀児童相談所	518-8533	伊賀市四十九町 2802	0595-24-8060
	紀州児童相談所	519-3695	尾鷲市坂場西町 1-1	0597-23-3435
25　滋賀	中央子ども家庭相談センター	525-0072	草津市笠山 7-4-45	077-562-1121
	彦根子ども家庭相談センター	522-0043	彦根市小泉町 932-1	0749-24-3741
26　京都	家庭支援総合センター	605-0862	京都市東山区清水 4-185-1	075-531-9600
	宇治児童相談所	611-0033	宇治市大久保町井ノ尻 13－1	0774-44-3340
	福知山児童相談所	620-0881	福知山市字堀小字内田 1939-1	0773-22-3623
27　大阪	中央子ども家庭センター	572-0838	寝屋川市八坂町 28-5	072-828-0161
	池田子ども家庭センター	563-0041	池田市満寿美町 9-17	072-751-2858
	吹田子ども家庭センター	564-0072	吹田市出口町 19-3	06-6389-3526
	東大阪子ども家庭センター	577-0809	東大阪市永和 1-7-4	06-6721-1966
	富田林子ども家庭センター	584-0031	富田林市寿町 2-6-1 大阪府南河内府民センタービル内	0721-25-1131
	岸和田子ども家庭センター	596-0043	岸和田市宮前町 7-30	072-445-3977

28　兵庫	中央こども家庭センター	673-0021	明石市北王子町 13-5	078-923-9966
	洲本分室	656-0021	洲本市塩屋 2-4-5	0799-26-2075
	西宮こども家庭センター	662-0862	西宮市青木町 3-23	0798-71-4670
	尼崎駐在	661-0024	尼崎市三反田町 1-1-1	06-6423-0801
	川西こども家庭センター	666-0017	川西市火打 1-22-8	072-756-6633
	丹波分室	669-3309	丹波市柏原町柏原 688	0795-73-3866
	姫路こども家庭センター	670-0092	姫路市新在家本町 1-1-58	079-297-1261
	豊岡こども家庭センター	668-0025	豊岡市幸町 1-8	0796-22-4314
29　奈良	中央こども家庭相談センター	630-8306	奈良市紀寺町 833	0742-26-3788
	高田こども家庭相談センター	635-0095	大和高田市大中 17-6	0745-22-6079
30　和歌山	子ども・女性・障害者相談センター	641-0014	和歌山市毛見 1437-218	073-445-5312
	紀南児童相談所	646-0062	田辺市明洋 1-10-1	0739-22-1588
	新宮分室	647-8551	新宮市緑ヶ丘 2-4-8	0735-21-9634
31　鳥取	中央児童相談所	680-0901	鳥取市江津 318-1	0857-23-1031
	米子児童相談所	683-0052	米子市博労町 4-50	0859-33-1471
	倉吉児童相談所	682-0881	倉吉市宮川町 2-36	0858-23-1141
32　島根	中央児童相談所	690-0823	松江市西川津町 3090-1	0852-21-3168
	隠岐相談室	685-8601	隠岐郡隠岐の島町港町塩口 24	08512-2-9810
	出雲児童相談所	693-0051	出雲市小山町 70	0853-21-0007
	浜田児童相談所	697-0023	浜田市上府町イ 2591	0855-28-3560
	益田児童相談所	698-0041	益田市高津 8-14-8	0856-22-0083
33　岡山	中央児童相談所	700-0807	岡山市北区南方 2-13-1	086-235-4152
	倉敷児童相談所	710-0052	倉敷市美和 1-14-31	086-421-0991
	井笠相談室	714-8502	笠岡市六番町 2-5	0865-69-1680
	高梁分室	716-8585	高梁市落合町近似 286-1	0866-21-2833
	高梁分室新見相談室	718-8550	新見市高尾 2400	0866-21-2833
	津山児童相談所	708-0004	津山市山北 288-1	0868-23-5131

34　広島	西部こども家庭センター	734-0003	広島市南区宇品東4-1-26	082-254-0381
	東部こども家庭センター	720-0838	福山市瀬戸町山北291-1	084-951-2340
	北部こども家庭センター	728-0013	三次市十日市東 4-6-1	0824-63-5181
35　山口	中央児童相談所	753-0214	山口市大内御堀 922-1	083-922-7511
	宇部駐在	755-0033	宇部市琴芝町 1 丁目 1-50	0836-39-7514
	岩国児童相談所	740-0016	岩国市三笠町 1-1-1	0827-29-1513
	周南児童相談所	745-0836	周南市慶万町 2-13	0834-21-0554
	下関児童相談所	751-0823	下関市貴船町 3-2-2	083-223-3191
	萩児童相談所	758-0041	萩市江向河添沖田 531-1	0838-22-1150
36　徳島	中央こども女性相談センター	770-0942	徳島市昭和町 5-5-1	088-622-2205
	南部こども女性相談センター	774-0011	阿南市領家町野神 319	0884-22-7130
	西部こども女性相談センター	777-0005	美馬市穴吹町穴吹字明連 23	0883-55-3323
37　香川	子ども女性相談センター	760-0004	高松市西宝町 2-6-32	087-862-8861
	西部子ども相談センター	763-0082	丸亀市土器町東 8-526	0877-24-3173
38　愛媛	中央児童相談所	790-0811	松山市本町 7-2	089-922-5040
	南予児童相談所（※改築の為、仮移転）	798-8511	宇和島市天神町 7-1 南予地方局別館	0895-22-1245
	東予児童相談所	792-0825	新居浜市星原町 14-38	0897-43-3000
39　高知	中央児童相談所	781-5102	高知市大津甲 770-1	088-866-6791
	幡多児童相談所	787-0050	四万十市渡川 1-6-21	0880-37-3159
40　福岡	福岡児童相談所	816-0804	春日市原町 3-1-7	092-586-0023
	久留米児童相談所	830-0047	久留米市津福本町金丸 281	0942-32-4458
	田川児童相談所	826-0041	田川市弓削田 188	0947-42-0499
	大牟田児童相談所	836-0027	大牟田市西浜田町 4-1	0944-54-2344
	宗像児童相談所	811-3436	宗像市東郷 5-5-3	0940-37-3255
	京築児童相談所	828-0021	豊前市八屋 2007-1	0979-84-0407
41　佐賀	中央児童相談所	840-0851	佐賀市天祐 1-8-5	0952-26-1212
	唐津分室	847-0012	唐津市大名小路 3-1	0955-73-1141

42　長崎	長崎こども・女性・障害者支援センター	852-8114	長崎市橋口町 10-22	095-844-6166
	佐世保こども・女性・障害者支援センター	857-0034	佐世保市万徳町 10-3	0956-24-5080
43　熊本	中央児童相談所	861-8039	熊本市長嶺南 2-3-3	096-381-4451
	八代児童相談所	866-8555	八代市西片町 1660	0965-33-3247
44　大分	中央児童相談所	870-0889	大分市荏隈 5 丁目	097-544-2016
	中津児童相談所	871-0024	中津市中央町 1-10-22	0979-22-2025
45　宮崎	中央児童相談所	880-0032	宮崎市霧島 1-1-2	0985-26-1551
	都城児童相談所	885-0017	都城市年見町 14-1-1	0986-22-4294
	延岡児童相談所	882-0803	延岡市大貫町 1-2845	0982-35-1700
46　鹿児島	中央児童相談所	891-0175	鹿児島市桜ヶ丘 6-12	099-264-3003
	大島児童相談所	894-0012	奄美市名瀬小俣町 20-2	0997-53-6070
	大隅児童相談所	893-0011	鹿屋市打馬 2-16-6	0994-43-7011
47　沖縄	中央児童相談所	903-0804	那覇市首里石嶺町 4-404-2	098-886-2900
	八重山分室	907-0002	石垣市真栄里 438-1（八重山福祉保健所内）	0980-88-7801
	コザ児童相談所	904-2143	沖縄市知花 6-34-6	098-937-0859
48　札幌市	札幌市児童相談所	060-0007	札幌市中央区北 7 条西 26	011-622-8630
49　仙台市	仙台市児童相談所	981-0908	仙台市青葉区東照宮 1-18-1	022-219-5111
50　さいたま市	さいたま市児童相談所	338-8686	さいたま市中央区下落合 5-6-11	048-840-6107
51　千葉市	千葉市児童相談所	261-0003	千葉市美浜区高浜 3-2-3	043-277-8880
52　横浜市	中央児童相談所	232-0024	横浜市南区浦舟町 3-44-2	045-260-6510
	西部児童相談所	240-0001	横浜市保土ケ谷区川辺町 5-10	045-331-5471
	南部児童相談所	235-0045	横浜市磯子区洋光台 3-18-29	045-831-4735
	北部児童相談所	224-0032	横浜市都筑区茅ケ崎中央 32-1	045-948-2441
53　川崎市	こども家庭センター	212-0058	川崎市幸区鹿島田 1082-3	044-542-1234
	中部児童相談所	213-0013	川崎市高津区末長 276-5	044-877-8111

53　川崎市	北部児童相談所	214-0038	川崎市多摩区生田 7-16-2	044-931-4300
54　相模原市	相模原市児童相談所	252-0206	相模原市中央区淵野辺 2-7-2	042-730-3500
55　横須賀市	横須賀市児童相談所	238-8525	横須賀市小川町 1 6	046-820-2323
56　新潟市	新潟市児童相談所	951-8133	新潟市中央区川岸町 1-57-1	025-230-7777
57　金沢市	金沢市児童相談所	921-8171	金沢市富樫 3-10-1	076-243-4158
58　静岡市	静岡市児童相談所	420-0947	静岡市葵区堤町 914-417	054-275-2871
59　浜松市	浜松市児童相談所	430-0929	浜松市中区中央 1-12-1	053-457-2703
60　名古屋市	名古屋市中央児童相談所	466-0858	名古屋市昭和区折戸町 4-16	052-757-6111
	名古屋市西部児童相談所	454-0875	名古屋市中川区小城町 1-1-20	052-365-3231
61　京都市	京都市児童相談所	602-8155	京都市上京区竹屋町通千本東入主税町 910-25	075-801-2929
62　大阪市	大阪市こども相談センター	540-0003	大阪市中央区森ノ宮中央 1-17-5	06-4301-3100
63　堺市	堺市子ども相談所	593-8301	堺市西区上野芝町 2-4-2	072-276-7123
64　神戸市	こども家庭センター	650-0044	神戸市中央区東川崎町 1-3-1	078-382-2525
65　岡山市	岡山市こども総合相談所	700-8546	岡山市北区鹿田町 1-1-1	086-803-2525
66　広島市	広島市児童相談所	732-0052	広島市東区光町 2-15-55	082-263-0694
67　北九州市	子ども総合センター	804-0067	北九州市戸畑区汐井町 1-6	093-881-4556
68　福岡市	こども総合相談センター	810-0065	福岡市中央区地行浜 2-1-28	092-832-7100
69　熊本市	熊本市児童相談所	862-0971	熊本市大江 4-2-60	096-366-8181

※１　一時保護所を設置する児童相談所
※２　東京都児童相談センターは一時保護所を３か所設置

→　児童相談所数＝ 206 か所（平成 23 年 12 月 20 日現在）
→　一時保護所数＝ 128 か所（平成 23 年 12 月 20 日現在）

（出所）http://www.mhlw.go.jp/bunya/kodomo/dv30/h23.html

その他の相談室

大阪府	中野こども病院臨床心理室	535-0022	大阪府大阪市旭区新森4-21-6	06-6952-4771
兵庫県	兵庫県立但馬やまびこの郷	669-5135	兵庫県朝来市山東町森字向山 45-101	079-676-4724
	武庫川女子大学発達臨床心理学研究所総合心理相談室	663-8184	兵庫県西宮市鳴尾町1-3-29	0798-56-8090
	神戸親和女子大学心理・教育相談室	651-1111	兵庫県神戸市北区鈴蘭台北町 7 丁目 13-1	078-591-1568

第4章 発達障害の子のこころ

どんなことを感じているの？

1 発達障害のある子のこころ

第2章で、「困った子」は「困っている子」ということをお話しました。では、いったいどのようなことに困っていて、困った行動（問題行動）を起こしているのか、その背景である、**子どものこころを冷静にみつめて、理解しようとすること**が大事です。自閉症スペクトラム障害をもった、K君の事例と解説を通して、発達障害の子はちょっと違った見方をしていることや、それをどうとらえるかについて、考えてもらえればと思います。

事例 11-1

▼集団行動やコミュニケーションをとるのが苦手【自閉症スペクトラム障害・小学三年生男子】

K君は、五歳の時に、自閉症スペクトラム障害（ASD）と診断されました。

はじめて相談室に来たK君は、話しかけると、こちらをキッとにらみつけて身構えました。言葉もとても乱暴で、物にあたることもありました。

学校の勉強はよくできましたが、気になるものがあると我慢できず、授業中でも席を離れてしまいます。気が散りやすく、先生の話を聞けないこともよくあります。また、耳からの情報が入りにくく、何回も同じことを聞いても、忘れることがありました。また、実物をその通りに描けても、「物語を聞いて想像して絵をかく」などの課題に苦労していました。不器用で、縄跳びやダンスなどの苦手なことには、自分ができそうだという自信がもてるまで、集団から離れて見学したり、皆と一緒の行動がしにくいこともありました。

コミュニケーションも苦手です。まわりの状況を読んだり、自分の言葉で説明することが苦手で、気持ちをうまく伝えられません。友達とも適切な距離感がつかめず、近づきすぎたり、嫌がっているのがわからずに、やりすぎてしまうこともありました。思い通りにならないと、かんしゃくを起こして暴れ、よくトラブルを起こしました。そのほかにも、忘れ物が多く、また、野菜が食べられず、新しい服を嫌がって、同じ服を着たがるなどのこだわりもありました。

ご両親は、そんなK君に一生懸命に、ある時は厳しく叱り、ある時はやさしく言い聞かせました。K君も「もうしない」と約束するのですが、それでも何回も同じようなことが起こります。何回怒っても聞いてくれず、聞いてくれないからさらにひどく怒る。怒るのも嫌だけど、どうしたらよいかもわかりません。お母さんは、だんだんK君をかわいく思えなくなってきました。

自閉症スペクトラム障害（ASD）について

K君は、自閉症スペクトラム障害（ASD）をもっています。

「自閉症スペクトラム」とは、ウィングというイギリスの精神科医によって提唱された概念で、①対人関係の障害、②コミュニケーションの障害、③想像力の障害（この三症状を「ウィングの三つ組み」といいます）をもつ発達障害を、一つの連続体（スペクトラム）とする見方です。自閉症とアスペルガー障害をあわせたものが、自閉症スペクトラム障害といえるでしょう。

ASDの三症状の中で、①「対人関係の障害」とは、具体的には視線が合わない、他者と情緒的なやりとりができない、などをさします。また、②「コミュニケーションの障害」とは、ことばの使い方が独特で、会話に一貫性が欠ける、などの症状がみられることをいいます。③「想像力の障害」とは、行動、活動、興味の限局性、つまり特定のモノや、やり方にこだわることや、モノの一部へ集中しすぎる、などの症状をさしています。

知的障害（IQ七〇未満）をともなっている人もいますが、正常知能の人もいます。このような人のことを、とくに高機能ASDといいます。K君は勉強はよくできた、とのことなので、少なくとも全体的な知的遅れはなく、高機能ASDと思われます。

2 子どもの「こころ」をみつめた対応を考える

Ｋ君のように、まわりの人に拒否的な態度をとるなどの社会性の問題は、思春期の高機能のＡＳＤの子どもたちによくみられます。このような、典型的症状をもつ高機能ＡＳＤの子どもたちに対して、親として、あるいは先生として関わるときに、忘れてはならない大切なことがあります。

それは、**子どもたちの内的世界、つまり「こころ」の状態、あるいは「自己」をどのように見るか、**という視点です。この視点は、高機能ＡＳＤの子どもたちとの関わりにおいてのみ大切というわけではありません。障害の有無にかかわらず、すべての子どもたちに関わるときに重要なものです。ただ、この視点は、発達障害、とりわけ高機能ＡＳＤの子どもたちに関わるときに、親や先生が忘れてしまいがちです。また、それゆえに、Ｋ君の事例がそうであるように、高機能ＡＳＤの子どもたちと、その親や先生たちとの関係が悪化することもよくあります。

では、発達障害の子どもたち（ここでは高機能ＡＳＤ）の「こころ」と「自己」について考えるために、親や先生方にもっていただきたい一つの視点を、引き続きＫ君の事例をベースにして考えていきましょう。

悪循環を断ち切るために

事例11‐1でみたように、K君は日ごろの問題行動のために、ご両親や先生や友人とうまくいかず、しかも、ご両親や先生からの叱責が続いたことで、自尊感情が低下し、ますます行動が荒れていきました。このような経過を**「悪循環」**、家庭や学校でのK君の荒れた行動を**「二次障害」**といいます。これはASDに限らず、発達障害のある思春期の子どもたちや、その両親、担任の先生の間でよくみられます。こうした悪循環や二次障害を軽減するために、臨床心理士のカウンセラーが、ご両親や学校にいくつかのアドバイスをしました。

事例 11-2

▼叱られ続けた子どもの気持ちを考えた、今までと違う対応

「みんなが簡単にできることが、自分にはできない」

「一生懸命、言われたことをやろうとするけど、何をやっても叱られることが多い」

「自分はよかれと思ってしたのに、どうして叱られるのかわからない」

「仲のよかった友達もだんだん離れていって。一緒に遊ぼうとしてもうまくいかない」

「僕には何もできないし、こんなにいつも叱られてばかりなら、生まれてこない方がよかった」

叱られ続けて育ったＫ君は、そう感じていました。

そこで、まず家庭でＫ君が安心して過ごせる状況を作り、心理状態を安定させることを優先しました。カウンセラーは、お母さんに、①怒るのをやめること、②Ｋ君のできていることに注目して、具体的にほめること、を実行するように、アドバイスしました。

ほめ方も、「すごいね。いい子だね」と言うと、もっといい子に、もっとすごいことをしなければ、というプレッシャーになることもあるので、

「お皿をもっていってくれたね」

「プリント三枚できたね」

というように、できた行動を単純に言葉にして、Ｋ君に伝え返してもらいました。怒るのをやめることに不安もありましたが、Ｋ君本来の力を信じてみることにしました。

また、「Ｋ君は困ったことをする子」ではなく、「Ｋ君は何に困っているんだろう？」と視点を変えました。

「頑張ったらできる」と教えるのではなく、「Ｋ君が生活や学習の中で、どこが得意でどこが苦手なのか」を把握し、苦手なことには、具体的な支援を考えました。

たとえば、K君は聴覚情報のキャッチが難しく、何回聞いても忘れたり、人の話が聞きにくかったりします。そこで、肩を叩くなどして注意を引き、できるだけ短い言葉で伝えることと、できればメモを添えるようにしてもらいました。忘れ物もある程度は仕方がないと考え、準備したら、連絡帳にチェックするようにしました。

最初は、お母さんと一緒に、慣れてきたらK君だけでやってもらいました。学校でも、K君が気になることがある時には、無理に止めず、ある程度、本人が納得するまで見てまわってもよいことにしてもらい、皆のところに帰ってきたら、それを「よく帰って来たね」と言うようにしました。

アドバイスの中心は、**「具体的にほめる」**と**「子どもの苦手なところを理解し、具体的に支援する」**の二点です。具体的にほめられたことで、K君は自分のできたことを確認でき、それが**自尊感情や達成感につながっていった**ようです（ほめ方については、125頁の「ほめるための工夫」にくわしく書いてあります）。また、お母さんや先生など周囲の大人が、K君へのアプローチの仕方に工夫を加えるなど、K君の苦手なところを理解し、具体的に支援したことにより、K君にとってはそれが状況を理解する手がかりとなっただけではなく、自分が困っているということを親や先生にわかってもらっている、という**確信（安心感）**につながったと思われます。

怒るのをやめると、甘やかしではないか、もっと乱暴にならないか、という心配もあるでしょう。しかし、**子どもは、自分が尊重され、気遣われている環境におかれていると認識すると、反抗することにエネルギーを使わなくて済むので、本来、自分が取り組むべきことに集中できるように**なります。そうなると、子ども自身が、本来もっている力を発揮できるようになります。一時的に、親が困ったり、嫌がったりすることをやってみせる、などの試し行動がみられることもありますが、そこで動揺せずに、乗り越えることが大切です。

事例 11-3

▼成長はらせん階段のような変化をみせる

「具体的にほめること」と「具体的に苦手なところを支援すること」を家庭と学校で実践しはじめてから、しばらくたちました。

お母さんとK君との関係は改善し、家ではある程度、落ち着いて過ごせる時間が増えました。K君自身が、「どうしたらいいの」と、お母さんに助けを求めることができるようにもなりました。このように、「困っていること」を、言葉で表現できるようになったので、かんしゃくや暴言も減りました。一方、学校では、「他人に自分の言うことを聞いてほしい」という気持ちを、少しずつ我慢できるようになりましたが、トラブルがまったくなくなったわけでもありませんでした。お母さんも、K君の状態がよくなっているとは思いつつも、K君のこだわりの部分では、やはり苦労しており、気持ちも行きつ戻りつの状態でした。

そんな時、カウンセラーがK君のお母さんに、らせん階段の話をしました。

らせん階段を上るときは、横の動きだけを見ると、行ったり来たり、同じことを繰り返しているように見えますが、上下の動きを考えると、ほんの少しずつですが確実に、変化して上に登っています。K君親子も、このように方向性を間違えないようにしつつ、ときにはカウンセラーに助言をもらいながら、少しずつ成長を重ねているのです。

3 発達障害をもつ子のこころの発達

事例11-1～3で、具体的にほめられ、支援されたことで、K君の行動が安定してきた様子をみてきました。それは、K君が「少しずつ**『健康な自己』**を持ち始めた」からです。健康な自己とは、自尊感情が高く維持され、多少のことでは低くならずに情緒的に安定している状態です。

それではなぜ、K君は、健康な自己を持ち始めることができたのでしょうか。このことを考える前に、自己とは何かについて、少し触れておきましょう。

「自己」ってどんなもの？

フランスの心理学者ワロンは、自己を、**主体的自己**と、**社会的自己**に分けて考えました。

主体的自己とは、行為をする主体、括弧つきの「私」のことです。つまり、「私」がしゃべっている、「私」が字を書いている、などと表現されるときの「私」です。このような括弧つきの「私」を主体的自己とすると、社会的自己とは「こうすべきだ」、「こうしなければならない」、「普通はこうだろう」などという感覚です。

社会的自己は、三歳ごろから、おもにことばのチャンネルを使って、子どもの内部に入力され、内面化されていきます。発達的には、主体的自己が先で、あとから内面化してきた社会的自己が、主体的自己と協調や対立を繰り返しながら、固有の自己というものが形づくられていきます。子どもは、主体的自己を基盤にして、他者との関係（やりとり）を通し、しだいに社会を内面化することで、適切な社会性を身につけていくのです。

発達障害をもつ子の「自己」

発達障害の子どもたち（とくにＡＳＤ）の自己も、やはり、主体的自己と、社会的自己から構成されています。しかし、主体的自己、つまり「私」の感覚が希薄なのが、特徴のひとつです。発達障害をもつ人が、ときどき「自分がないような気がする」と訴えるのは、このためと考えられます（主体的自己が弱い理由については、長い説明になるので別稿に譲ります）。

主体的自己の弱さは、自己の不明瞭さにつながり、大きな不安を引き起こします。このため、発達障害の子どもたちは、主体的自己の弱さを、社会的自己で補う必要に迫られます。社会的自己がお母さんやお父さん、あるいは先生のこともありますし、「ドラえもん」や「仮面ライダー」といった架空のキャラクターのこともあります。つまり、**発達障害の子どもたちにとっての社会的自己とは、自己の不明瞭さを補い、いま、この場で生きていくために、本人なりに身に着けた手段**なのです。

このような社会的自己は、ひとつのファンタジーとして考えられます。ファンタジーとは、現実を単純化したモデルであり、キャラクターやストーリーとしてあらわされます。発達障害のなかでも、とくにＡＳＤの人は「自閉症ファンタジー」と呼ばれる、独特のファンタジーをもっています。これが、主体的自己の弱さを補うための、社会的自己としての役割を担っているのです。Ｋ君のような子どもたちのこころと自己を理解する上で、このファンタジーは不可欠の概念です。

攻撃的な言動は、Ｋ君なりの身を守る手段だった

それでは、Ｋ君の自己に重点をおいて、もう一度、彼の言動やこころについて考えてみましょう。

Ｋ君は、カウンセラーとはじめて会ったときに、「話しかけても、キッとにらみつけ、身構える。言葉もとても乱暴で、物にあたることもありました」という行動をとりました。これは通常、問題行動といわれます。たしかに、このような行動は「問題」ですし、「悪循環」の結果、現れた「二次障害」でしょう。

しかし、見方を変えると、Ｋ君のこの攻撃的な言動は、親や先生、友人からＫ君の「本当の」しんどさやつらさが理解されない、という周囲の無理解のなか、自分にとっての無理難題を、それ以上押し付けられないために、なんとか自分を守ろうと、どこからか入力されて身につけてしまった、攻撃的キャラクター（ファンタジー）であるとみることもできます。

それなのに、親や先生が叱責を繰り返すだけの単調な対応を続けると、Ｋ君の攻撃的ファンタジーに一つの根拠を与えてしまい、それをさらに強化してしまいます。

逆に、ほめられたり、苦手なことをするのを支援してもらったことで、Ｋ君は攻撃的ファンタジーを前面に出すことで自分を守ろうとする必要がなくなり、行動に落ち着きが出てきました。

それに加え、もともと彼がもっていた、素直で、家庭や学校の生活に適応したキャラクターが前

面に出てくるようになったのでしょう。

他人から大切に思われることで、自分も大切に思える

また、K君は「生まれてこなければよかった」と悲観的に語っていました。

このように、**子どもが自己を否定する発言**をするのは、その子どもに直接関わる大人たち（親や学校の先生など）のこれまで、そしてこれからの**その子に対する、関わり方への警鐘**とみるべきでしょう。このような発言は、自分を大切に思う気持ち（自尊感情）が低かったり、自分の存在を肯定的にみる傾向（自己肯定感）が弱かったりすることの現われです。

そもそも、自尊感情や自己肯定感というものは、自分ひとりで培われるものではありません。他者から大切にされた経験や、自分の考えや行動を認めてもらった経験などを通して、だんだんと育っていくものなのです。つまり、自尊感情が低い、自己肯定感が弱いのは、そのような経験が少ないために、自分の大切さや自分の考えや行動の正しさに、確信がもてない状態であるといえます。

他者から大切にされた経験の、もっとも基礎の部分には親との関係、つまり愛着（アタッチメント）があります。愛着とは、つまり**絶対的信頼感**、「何があっても、無条件に自分のことを受け

入れてくれる他者がいる」という安心感だと思います。障害があろうがなかろうが、子どもが健全な自己を獲得するためには、この安心感が欠かせません。

Ｋ君のカウンセラーがしたアドバイスの二点、「ほめる」、「苦手なところを支援する」のを効果的に実行するのは、とても難しいことです。でも、Ｋ君の行動にはだんだんよい変化が現れました。それは、彼のこころの中にはもともと、このような安心感があったからではないでしょうか。

4 子どもにとって信頼できる大人に

この章では、ＡＳＤのＫ君の事例を通して「発達障害の子のこころ」を考えてみました。

しかし、「発達障害の子のこころ」というのは、決して特殊なものではありません。「この世界に絶対的に信頼できる他者がいる」という確信こそ、健全な自己を育てるための基礎であり、それは障害のあるなしに関係のない、普遍的な事実です。

親はもちろん、学校の先生など子どものまわりにいる大人たちが、子どもにとって信頼できる他者であることが、子どもの育ちには何よりも大切なのです。

第5章 発達障害の子を育てる

発達障害をもつ子の親として

第5章では、発達障害のある子どもを養育する保護者が家庭で、どのように対処したらよいかを具体例をあげて説明します。発達障害に対しては、早期発見、早期対応が基本です。この章での内容に加えて、各家庭でいろいろ工夫してみてください。

1 自閉症

事例12

▼食事、外出、他者との交流にてこずる【高機能自閉症・三歳男児】

〔家族構成〕父（三八歳・会社員）、母（三五歳・専業主婦）、姉（五歳）

L君は、愛くるしい笑顔が印象的な男の子です。人見知りもなく、いつもニコニコとおとなしい子どもでしたが、一歳半健診でも三歳健診でも、言葉の遅れと視線の合いにくさを指摘され、その後、紹介されて行った地域の相談センターで、高機能自閉症と診断されました。

L君は動くものが大好きで、電車やバスの名前であれば、いくらでもスラスラと言葉が出てくるのですが、大人や友達からの問いかけに、答えることはありません。また、扇風機や換気扇などクルクルと回るもの、鏡やアクセサリーなどキラキラと光るものにも、強い関心を示し、こうしたものがあれば、一日中ニコニコと機嫌よく過ごしてくれるのですが、他者に関心を示すことはありません。お母さんがいないからといって泣くこともなければ、お母さんに助けを求めることもないのです。階段から転げ落ちても、友達に叩かれても、決して泣かないＬ君に対し、お母さんは寂しささえ感じており、「一度でいいから、『お母さん』と泣いてくれたらいいのに……」というのが口癖でした。

こうしたコミュニケーションの問題を抱えるＬ君との生活の中で、お母さんがとくに悩んでいたのは、食事と外出、他者との交流の場面でした。

たとえば夕食時、電車の絵本を眺めるＬ君に、食事の時間だと何度告げても、まるで聞こえていないかのように反応がありません。仕方なくお母さんが絵本を取り上げ、無理やり椅子に座らせようとすると、Ｌ君はパニックを起こし、「キーッ！」と大声で叫びます。やっとのことでＬ君をなだめ、食事を始めても、好き嫌いの多いＬ君が、出された食事をきちんと食べてくれることはほとんどありません。Ｌ君の健康を心配するお母さんが、なんとか食べさせようと格闘し、二時間かかって食事が終わる頃には、お母さんのほうがぐったりしてしまうのです。このような戦いが食事のたびに繰り返されるので、Ｌ君にとってもお母さんにとっても、食事の時間はストレスフルなものになります。

また、外出時、Ｌ君はお母さんと手を繋ぐことを嫌がり、一人でスタスタと歩いて行きます。

お母さんが一瞬目を離した隙に、脇目もふらず突然道路に飛び出したり、スーパーで迷子になったりすることは、日常茶飯事です。時には、すれ違う人に、「小さな子どもと手も繋がないなんて……」と言われることもあり、その度にお母さんの心は傷つきます。お母さんはもともと明るく楽天的な性格ですが、こうしたストレスやL君のこだわりによって、予定通りに物事が進まないことが続くと、苛立ちが増すようになっていきました。

さらに、お母さんが神経をすり減らしていたのが、L君の祖父母とのやり取りでした。たとえばL君の三歳の誕生日、祖父母が新しい靴をプレゼントしてくれましたが、きっと喜んでくれると思っていた祖父母の期待は見事に裏切られ、L君は新しい靴をチラリと見ただけで、履き慣れた古い靴を履いて出かけようとしたのです。

がっかりしたおばあちゃんは、思わず「せっかくプレゼントしたのに、可愛気のない子ね」と嫌味を言いました。しかし、L君にとっては、新しい靴よりも、履き慣れた靴の匂いや褪せた色、何よりも足に馴染んだクタッとした感触が心地よく、そう簡単には履き替えることなどできなかったのです。その場に居合わせたお母さんは、気まずさと申し訳なさで、肩身の狭い思いをしながら、L君の態度を何度も詫び、丁寧に感謝の気持ちを伝えるのですが、後味の悪さが残りました。

自閉症の子どもに対する支援のポイント

こうしたエピソードは、自閉症の子どもを育てる保護者の相談で、よく聞かれるものばかりです。どれも子どもの行動と周囲の期待が、合致しないために葛藤が生じ、双方にストレスがかかってしまっています。

●絵カードによる支援

このケースの場合、カウンセラーは、まず食事や外出が少しでもスムーズにできるよう、お母さんに絵カードでの支援を提案しました。

たとえば食事のときは、「椅子に座る」「御飯を食べる」、といった**一連の動作を、絵カードに**して冷蔵庫に貼り、Ｌ君と一つ一つ確かめながら進めていきました。また、外出の際には、**予定が決まった段階で、その日のスケジュールを絵カードにして示しました**。万が一、**予定が変更になったら、できるだけ早くＬ君に伝え、新たな予定の確認を行います**。また、**交通ルールなどの基本的な社会ルールも、絵カードを作成して確認**をしてもらいました。

Ｌ君の場合には、絵カードでの支援を取り入れてから、毎朝じっと絵カードを眺めて、その日の予定を確認する習慣がつき、日常的な行動はずいぶんスムーズに進むようになりました。

絵カードによる支援だけでは補えない場面では、Ｌ君に期待するお母さんの気持ちをほぐし、できる限り、L君のこだわりに合う方法を工夫して考えていきました。また、言葉の面では、感情を言葉にできないL君に対し、「怖かったね」「ビックリしたね」といった声かけでL君の気持ちを代弁することによって、少しずつL君が文脈に合った言葉を使えるよう、関わっていくことを目指しました。

L君の場合、主な養育者は専業主婦のお母さんで、お父さんや祖父母は休日にときどきL君と遊ぶ程度でしたが、四六時中、L君と向き合うお母さんの苦労は、想像に難くありません。そんなお母さんの負担を少しでも軽くするためにも、祖父母や育児仲間など、周囲の身近な大人には、発達障害（このケースでは自閉症）に関する情報をできるだけ具体的に伝え、L君の行動を理解してもらうこと、お母さんの育児を支援してもらうことが必要です。

さらにアドバイスをするとしたら――コミュニケーションのための工夫

一般的に、お母さんが子どもとうまくコミュニケーションがとれないと、子育てがとても難しいもののように感じられます。そんな時でも、子育てにもう少し余裕がもてるような工夫をなんとか見出すことができるかもしれません。実際の子育て相談では、お母さんに直接お会いして、ひとつひとつのお話を具体的に聴いて、なんらかの工夫を一緒に見出していきます。

事例12から、L君のお母さんと相談員との面接の中で行われたと思われる共同作業をまとめてみます。

まず、①『**子どもの行動と周囲の期待が合致しないため、お互いにストレスがかかってしまっている**』ということを相談員とお母さんが、一緒に発見して確認することだったようです。

それは、②**子どもの行動をよく見ると、あるパターンがあること、そして、そこから子どもの気持ちや意志を読み取ることができること**です。L君の話に、そのエピソードが書かれています。

『誕生日に祖父母が贈ってくれた新しい靴を履かずに、いつもの古い靴を履こうとした』

『それに対して、祖母が「可愛気がない」と嫌みを言った』

これが、③**周囲の大人の子どもに対する期待感と子どもの気持ちとの不一致**です。

そして、そこから、④**子どもの気持ちと意志に合っているかどうかを検討し、工夫を働かせて修正していく**、共同作業がはじまります。

まず、⑤『**L君は履き慣れた靴の匂いや、足に馴染んだクタッとした感触が心地よくて、簡単に履き替えられなかった**』という気持ちと意志を読み取ることができます。この発見は、大人にとって、とても大切なものです。L君が自分なりの意志を表現していることに気づいたのですから、大人は余裕をもってそれをL君に伝えることができます。L君は、自分の気持ちがわかってもらえたと思うでしょう。

考えてみると、⑥この靴のようなエピソードは、**三歳ぐらいの子にとてもよくみられる**もので、L君だけに特別なものとは思われません。気持ちが伝わっているかどうかが大事なのです。

次に、⑦**周囲の大人の、L君の行動にたいする期待をどのように調整するか**です。『さらにお母さんが神経をすり減らしていたのが、L君の祖父母とのやりとりです』とあります。子どもとお母さんにとって身近な大人（この場合は祖父母）にも、子どもの行動をしっかりと見て、気持ちを推測し、読み取る能力が必要になります。

その前に、やはり、⑧**大人同士のコミュニケーションが、スムーズにとれる**ことでしょう。お父さんとお母さんに、それぞれの両親とのコミュニケーションを、取りやすくする工夫があるでしょうか？

子どものことでは、まず、⑨**一緒に、何の前提条件をもたずに、子どもを観察する**ことです。一緒に同じ行動を見ても、感想や意見が異なる場合は、どちらか一方、もしくは両方がなんらかの前提条件をもって見ているからでしょう。

⑩**さまざまな期待や思惑、気がね、世間体を払拭できる**と、夫婦の間でも同じことを考えることができます。そして、それぞれの祖父母に、気がねなく⑤で気づいた見方を伝えます。もちろん、それぞれが自分の両親に伝える。それの繰り返しです。

⑪**それぞれの祖父母が味方になってくれている**と感じると、親の子育てへのプレッシャーは、

ずいぶん少なくなります。このことは、さらに周囲の身近な大人の子どもへの理解を広げ、深めてもらう第一歩になります。『祖父母や育児仲間など、周囲の身近な大人には発達障害（L君の場合は自閉症）に関する情報を具体的に伝え、L君の行動を理解してもらい、お母さんの育児を援助してもらうことが必要です』とまとめられているとおりです。

また、第７章「発達障害の子への支援と連携」も参考にしてみてください。母子支援、親ネットワークや周囲の人との連携のポイントがまとめられています。

2 アスペルガー障害

事例13

▼集団行動になじめず、友達とのトラブルが多い【アスペルガー障害・五歳女児】

［家族構成］父（四〇歳・会社員）、母（四〇歳・パート）

Mちゃんは、五歳の女の子です。幼稚園で年長組になったばかりの頃、集団行動になじめず、友達とのトラブルが多いことを先生に指摘され、紹介先の相談センターでアスペルガー障害と診断されました。

Mちゃんは多少の人見知りがあるものの、慣れれば誰にでも人懐っこく話かけていくのですが、人との距離感がつかめないのが特徴です。たとえば、大好きなアニメのキャラクターになりきって遊んでいるうちに、テンションが上がって、突然大きな声で叫んだり、友達に飛びかかったりしてしまいます。先生が注意をすると、「チッ！」と舌打ちをし、急にイライラした様子に変わります。イライラが募ると、おもちゃを棚からすべて払い落とし、積木やおままごとの食器を、手当たり次第に投げつけます。硬いもの、柔らかいものを区別せず、自分が投げたものが、どこへ飛んで行くのか確かめることもないので、友達や先生に当たって、周りがヒヤッとすることも少なくありません。

また、Mちゃんはごっこ遊びが苦手で、お医者さんごっこをしている時には、注射器を友達の腕に思いきり突き立ててしまいます。先生が「注射をするふりをしてね」と言い聞かせますが、「ふり」を理解するのが難しいようです。

さらに、外出時、偶然友達に会うと、嬉しくて、勢いよく友達に抱きつき、手を繋いで振り回してしまいます。友達が驚いて、泣き出してもお構いなしで、Mちゃんは大喜びしながらはしゃぎ回ります。友達のお母さんは、そんなMちゃんの行動に眉をひそめ、Mちゃんのお母さんはただただ謝るしかありません。

こうした対人関係のトラブルが多いため、お母さんはことあるごとに園から呼び出され、M

ちゃんの行動とお母さんの養育態度について、注意を受けることになります。その度にお母さんは、厳しくMちゃんに言い聞かせますが、数分後にはケロっとして、翌日、また同じことが繰り返されてしまうのです。Mちゃんの行動に思い悩むお母さんは、しだいにMちゃんとの外出にストレスを感じるようになり、トラブルを避けるため、休日は引きこもりがちになっていきました。もう少し幼い頃は、お母さん一人でなんとかMちゃんを抑えることができたのですが、五歳にもなると力が強くなり、暴れるMちゃんを抱え込むことも難しく、お母さんの無力感は大きくなるばかりです。お母さんの表情は疲労の色が濃く、Mちゃんを見る眼差しも心なしか冷やかに見えますが、決して愛情がないわけではなく、関わり方がわからず途方に暮れ、Mちゃんがトラブルを起こすたびに、親としてのあり方を周囲から責められ、すっかり自信を失ってしまっている状態でした。

アスペルガー障害の子どもに対する支援のポイント

●基本的なルールやマナーを教え込む

Mちゃんの場合、言葉数が多いため、コミュニケーションには一見、問題がないように見えますが、自分の発した言葉や行動の先にあるもの、つまり、相手の気持ちを想像することが難しいようです。そのため、まず、「おもちゃを投げない」「大声を出さない」「友達の身体には優しく触れる」といった基本的なルールや、マナーをわかりやすく教えることを目標としました。Mちゃんのようなタイプの子どもたちは、場面に応じて行動を使い分けるのが難しいので、家庭と幼稚園で、情報のやり取りを密にし、こうしたルールやマナーをどの場面でも、一貫して徹底させることが大切です。

●意識してほめる

また、こうした子どもたちは、どうしても叱られることが多く、自尊心が低いのが特徴です。なぜ叱られるのかわからない状態のまま厳しく注意されると、突然の攻撃となって子どもたちに経験され、「何をしても叱られる存在」として自己を位置づけてしまいます。このような二次障害を防ぐために、トラブルがなく穏やかに過ごせたときにこそ、子どもを一生懸命ほめることが大切です。さらに、子どもだけでなく、保護者も非難されることが多いため、保護者の自尊心も傷つけられ、子育てに自信をなくしてしまっているケースが数多く見受けられます。こうした保護者の苦労をしっかりとねぎらうことも、なくてはならない重要な支援のひとつです。

このケースでは、お母さんに対し、できる限りMちゃんをほめるように助言したところ、「これまで叱ってばかりで、Mちゃんをほめたことなどほとんどなかった」というふり返りがありました。また、お母さんが意識的にほめるようになったことで、少しずつＭちゃんの行動をコントロールできる場面が増えてきたこと、お母さん自身がＭちゃんのよいところに目を向けられるようになり、気持ちが少し楽になってきたことなどがカウンセラーに報告されました。

さらにアドバイスをするとしたら①――まねは学習のはじまり

幼稚園でまず問題になるのは、集団行動です。Ｌ君の場合、その前に家庭での食事がたいへんでした。家庭での食事がきっちりできて、身のまわりのことができるようになると、次は模倣（まね）です。集団の中で先生の動きを見て、先生のまねをする。つぎに、集団の中のほかの子どもの動きを見てまねをする。このまねをすることが、集団行動では必要です。

ところが、Ｍちゃんは幼稚園で友達とのトラブルが増えてしまいます。

①Ｍちゃんは、**『他人との距離感がつかめない』**ようです。距離感というのは、「どれぐらい」ということです。自分がどれぐらい好きか、どれぐらいお友達だと思うのか、相手がどれぐらい好いてくれているのか、嫌がっているのかをわかるということです。

そして、相手が何を思っているかを、少しずつ感じとることです。しかし、②**相手の気持ちを感じとるのは、大人でもかなり難しい**ことです。Ｌ君の祖母が、Ｌ君の気持ちが理解できなかったように、また、L君が走り出すのを見た周囲の大人がお母さんを非難したくなったように……。

大人でも難しいことですので、Mちゃんがすぐに相手の気持ちを感じとれるようになるのは、もっと難しいでしょう。そこで、③気持ちを感じとらそうとするより、**まね（模倣）をすることの大切さを、意識して学ばせることが大事**です。キャラクターになりきって遊ぶことは、キャラクターのまねをしているのです。Mちゃんは、決してまねが下手なわけではありません。

しかし、『しだいにテンションが上がって、突然叫んだり、友達に飛びかかったりした』結果、友だちに嫌がられたり、軽いけがをさせてしまいます。つまり、Mちゃんは④**まねは上手なのに、誰かと一緒にまねをするのが苦手**なのです。

たとえば、『Mちゃんはごっこ遊びで注射器を友達の腕に思いきり突き立ててしまいます』。これは、⑤**Mちゃんの経験から、実際の注射が痛いこと**を知っていて、その「痛さ」も再現しようとしたのでしょう。そこには、なんの悪意もないのです。これが、Mちゃんの「気持ちと意志」についての理解です。

ところが、⑥『そのたびにMちゃんに厳しく言いきかせます』とありますが、「そんなにきつくしたらお友達が痛いでしょ」と注意されると、**Mちゃんが上手に再現しようとした「注射の痛さ」**は少しも評価されません。評価されずに、叱られることの繰り返しになります。

では、ごっこ遊びをMちゃんと楽しくするには、どうしたらよいのでしょう。この工夫も、お母さんから具体的な話を聴いて、観察と試行を繰り返すうちに、見つけることができます。

たとえば、⑦注射ごっこをする時は、「そっと」「ゆっくり」「かるくする」という、**まねを何度もリハーサルする**、という工夫が考えられます。Mちゃんは「痛さ」をまねしようとしましたが、もっと細かい、視覚的な情報を確認して、まねしてもらうのです。

つまり、⑧注射ごっこで使う注射器には、**針がついてないので遊びであり**、針がないのであえて痛くする必要はなく、その代わり、相手には**痛くなくても「痛い！」と叫ぶまね**をしてもらうのです。

Mちゃんが、それを理解して「痛い」と叫ぶまねをして、つぎはお母さんが、痛くないのに「痛い」と叫ぶまねをします。そして、⑨**その繰り返しが、たのしい遊びなんだ**、とMちゃんが実感できれば、お友達と同じことをして遊ぶのも、そう難しいことではありません。

どの子にとっても、まねをすることは学習のはじまりです。まねは、繰り返すことで遊びになります。繰り返しが楽しくなると、遊びがそのまま楽しい学習になるのです。

さらにアドバイスをするとしたら②——ほめるための工夫

事例のなかで、①『**なぜ叱られるのかわからない状態で注意されると**、突然の攻撃となって子どもたちに経験され、「自分は何をしても叱られる存在」と位置づけてしまう』『保護者も非難されて自尊心が傷つき、子育てに自信をなくしてしまうことも多い』とあります。子どもとお母さんの、悲しい悪循環です。このような状況に陥らないためには、どうすればよいのでしょうか。悪い循環があれば、その回っている循環のどこか一か所を止めればよいのです。そのひとつとして、**「子どもをほめる工夫」**を考えてみます。

②どのお母さんも、子どもをほめる機会を見つけようとしています。**見つけようとする心構え、準備は、とても大切です**。今回の例では、『お母さんが意識的にほめるようになったことで、少しずつMちゃんの行動をコントロールできる場面が増えた』と書かれています。意識的にほめるとは、頭の中でほめる機会を見つけようと思い続けることです。

③ほめるチャンスは、子どもが**偶然でも、よい行動をした時です**。その時すぐにほめられると、子どもは何をほめられたのか理解できます。

また、④その時に**他の叱る事柄と関係づけをしないこと**です。よけいな一言で、せっかくほめたことが無になってしまいます。これは親だけでなく、どの大人にも、先生方にもよくあることです。よけいな一言が出てしまうのは、普段から頭の中が叱りたいことでいっぱいになっているせいでしょう。そうならないためには、事例12で述べたように周囲に味方をたくさんつくり、つぎに、前提条件なしに子どもをしっかり観察して、子どもの気持ちを推測します。さらに事例12のアドバイスで述べた、コミュニケーションのための工夫も役に立ちます。

ほめる行動をすると、子どもが嬉しそうにします。その子どもの顔を見ると、親も嬉しくなります。ほめられても子どもがキョトンとしていたら「この子はまだ、ほめられることに慣れていない」と思って、⑤**遊びのようにほめ遊びを繰り返します。**

Mちゃんの反応が変わる前に、⑥**『お母さん自身もMちゃんの肯定的な行動に目を向けられるようになった』**とあります。このことを、お母さんが自分で喜べればよいのです。もちろん、いずれその後に、子どもの嬉しそうな様子が見えてきます。少し時間がずれるだけです。

⑦こうした嬉しさや喜びを、周囲の身近な大人、お父さんや祖父母、先生などと一緒に味わえるなら、コミュニケーションも増え、さらに大きな成果が生まれるでしょう。

3 ADHD（注意欠陥多動性障害）

事例14

▼落ち着きがなく、忘れものや嘘が多い【ADHD・小学一年生男子】

［家族構成］父（四二歳・自営業）、母（三四歳・専業主婦）、妹（幼稚園年中組）

N君は、小学一年生です。生まれたときからよく動く、元気のいい男の子でした。一人で歩けるようになると、家中、所構わずよじ登り、片時も目を離せないほどのやんちゃっぷりでしたが、両親は「男の子ならこんなものだろう」と思っていたので、手を焼きながらもおおらかに子育てをしていました。幼稚園に入ると、N君のやんちゃっぷりはますます激しくなり、身体のどこかにあざや擦り傷をつくって帰ってくるのが日常茶飯事となりましたが、園の行事の最中にみんなの輪から離れて一人走り回っていても、先生が交代でN君に寄り添い、丁寧に関わってくれていたので、あまり問題視されることもなく、穏やかな幼稚園生活を過ごすことができました。

しかし、小学校に入ると、集団行動になじみづらく、落ち着きのないN君の行動が目立ち始めました。授業中、おとなしく席に着いていることは珍しく、苦手な算数や理科の時間には、運動場に出て、砂遊びを始めてしまうこともあります。座っていても、窓から見える景色や教室の掲示物が気になったり、友達にちょっかいをかけたりして、なかなか集中して先生の話を聞くことができません。また、忘れ物が多い、順番を待てない、すぐにバレるような嘘を頻繁につく、怒られてもケロッとしているなど、先生から注意されることが増え、毎日のように連絡帳に注意点を書かれるようになりました。Ｎ君の行動をコントロールできない苛立ちと、学校から頻繁に注意を受けることのプレッシャーから、両親もＮ君を叱りつけることが増え、家庭でＮ君が暴れ回ることも増えました。そして一年生の終わり頃、学校からの勧めで訪れた小児科で、はじめてＮ君はＡＤＨＤ（注意欠陥多動性障害）と診断をされたのでした。

ＡＤＨＤ（注意欠陥多動性障害）の子どもに対する支援のポイント

●子どもの特徴にあわせた環境づくりを

Ｎ君の場合、ＡＤＨＤ（注意欠陥多動性障害）の三大症状である、「多動」、「不注意」、「衝動性」があり、さらに環境要因によって、それらが刺激されて、余計にコントロールが効きにくくなっている状態でした。とくに、幼稚園では先生が個別に関わってくれていたので、なんとか適応できていたのですが、小学校に入ると、集団行動が多いことや、窓からの景色、教室の掲示物など環境面での刺激が多いことから、N君の行動も激しさを増したようです。

このケースでは、掲示物の位置や席の配置など、まずは学校での環境調整についてスクールカウンセラーから提案しました。

●行動の背景を理解する

あわせて、保護者に対しては、N君の行動の背景を理解してもらうことを目指しました。

たとえば、忘れ物の多さや、すぐにばれるような嘘は、本人の努力不足や悪意の問題ではなく、短期記憶の弱さと関連がある、と考えられます。つまり、指示や出来事を一時的に記憶しておくことが難しく、それが結果として、忘れ物や嘘といった形で表現されてしまうのです。とくに、すぐにばれるような嘘をつくことは、周囲から見れば、非常に不可解な行動ですが、本人は途切れてしまった記憶の空白を埋めるため、つじつま合わせのためのストーリーを紡ぎ、しだいにそれが本人にとっての事実に変わってしまうのだと考えられます。

こうしたメカニズムを理解せずに、ただ叱責だけを繰り返すと、それは子どもにとって脅威的な経験となり、さらに対人関係を悪化させたり、適応を悪くさせたりしてしまいます。そこで、まずは最も身近な支援者である保護者が、このような背景を理解することが大切です。とくにこうした子どもたちは、行動が目立つため、叱られたり、注意をされたりすることが非常に多く、これが新たなストレスとなって、二次障害を引き起こしてしまうこともあるため、注意が必要です。

また、事例13でも触れましたが、こうしたケースの場合には、叱られたり、注意を受けたりした数よりも多く、ほめられる経験を重ねることが重要です。たとえば、授業中にじっと座っていることができたとき、忘れ物をしなかったときこそ、保護者や先生が意識してしっかりとほめることが必要です。あわせて、保護者のストレスを軽減するために、周囲の支援者は、問題が起きたときばかりではなく、穏やかに過ごせたときにも連絡を入れるなど、保護者の自信をそがない細やかな心配りも大切です。

さらにアドバイスするとしたら――学校と話し合いを

多動で元気のよいN君は、幼稚園までは『先生が丁寧に関わってくれたので、あまり問題視されずに、穏やかに過ごせました』。しかし、①小学校に入って**環境が変わると、落ち着きのないN君の行動が目立ち始めます。**どの子どもにとっても、新しい環境はストレスですし、小学校の先生も「いずれ慣れますよ」とやさしく言ってくれるので、親もついN君のような子の特徴を学校に伝えるのが遅れてしまうことがあります。そこで、入学前か、入学後すぐに、**学校側と話し**

合いの機会をもって、十分に理解してもらうことが必要です。

逆に、②お母さんやお父さんが、それほど問題を感じてなくても、同年齢の子を多く見てきている**先生の観察眼で、「この子は何かの発達障害をもっている**かもしれない」と思われることもあります。もし、学校の先生に受診を勧められたら、そんなはずがないと思う前に、学校での様子を、先生に詳しく聴いてみる必要があります。

③先生がご両親に受診を勧めてきたときは、「先生は『親が甘やかしている』『しつけができてない』と**親を非難しているのではない**」と思ってください。先生は、ご両親を非難の目で見ていないからこそ、**なんらかの発達障害を仮定したくなっている**のです。

そして、④専門家の医師や臨床心理士は、学校の先生より**さらに多くの子どもを診ているので、**診察室での様子だけではなく、家庭と学校などの**二か所以上の様子もしっかり聴き、**子どもに合った診断と査定、そしてアドバイスをくれます。そうしたアドバイスをもらって、入学前か、入学後すぐに、学校側と話し合い、十分に理解してもらう必要があります。

学校の先生は、家族の次に最も身近な大人です。事例12の①で述べた『子どもの行動と周囲の期待が合致しないために葛藤が生じ、お互いストレスがかかっている』状態が、できるだけ親と先生の間で生じないようにしたいものです。では、どうすればよいのでしょう。

⑤ご両親だけの力では難しいと思う場合、**相談機関の支援を受けてから、学校の先生と話し合**

うことも工夫の一つです。N君の場合、『掲示物の位置や席の配置など、まずは学校の環境調整を提案した』というような、臨床心理士としてのスクールカウンセラーの支援が、とても役立ったようです。

そして、⑥『ご両親にN君の問題行動の背景を理解してもらうことを目指した』とあります。たとえば、「忘れ物が多いのは、自分の物を大切にしないからだ」と短絡的に解釈せずに、「自分の持ち物を**大切にする気持ちを育てること**」と、「不注意で**大切なものを失くさないようにすること**」を、**ひとつずつ、別々に教える**とよいでしょう。

子どもはみんな気が散りやすいですし、興味を引かれたら自動車が走っていようが、人ごみの中であろうが、気持ちのおもむくままに走ってしまいがちです。

黒柳徹子さんの著書、『窓ぎわのトットちゃん』(講談社、一九八一年)には多動の子どものことが、とてもよく描写されています。

4 LD（学習障害）

事例15

▼特定の教科の理解が難しい【LD・小学三年生女子】

［家族構成］父（四四歳・公務員）、母（四六歳・パート）、姉（小学六年生）、弟（幼稚園年長組）

Oちゃんは、内気でおとなしい小学三年生の女の子です。小学校の中学年になり、学習内容が難しくなってきたことから、勉強の遅れが目立ち始めました。家庭でも毎日の宿題をこなすのに時間がかかり、とくに算数はお母さんがつきっきりで教えなければ、自力で終わらせることができません。こんなOちゃんの様子が気になった両親は、スクールカウンセラーに相談し、そこで紹介された相談センターで知能検査を受けた結果、Oちゃんは学力にばらつきのある、学習障害と診断されました。

Oちゃんの場合、読み書きはなんとか問題なくこなせるのですが、算数が苦手で、特に繰り上がりと繰り下がりの計算が出てきてからは、完全につまずいてしまいました。

また、手先や運動面での不器用さが目立ちます。たとえば、ハサミを使ったり、靴ひもを結んだりするような、細かい作業は正確さを欠き、人よりずっと時間がかかってしまいます。そして、跳び箱や縄跳びなども苦手としています。

しかし、Oちゃんは、おとなしく目立たないタイプであるため、こうしたつまずきや不器用さが気づかれにくく、必要な支援が受けにくいようです。たとえば、授業中、課題を理解できないOちゃんが手を挙げることはほとんどないので、周囲から注目されることはありません。また、先生の指示の内容が理解できず、すぐに次の課題に取りかかれないこともありますが、こんなときは慎重に友達の行動を観察することで、なんとか無難にこなしているように見えるので、Oちゃんのとまどいが気づかれることもありません。

つまり、周囲の目を引く問題行動という形で表れないOちゃんのつまずきは、本人が困っていても、それが周囲に気づかれにくい、といった問題を抱えているのです。

LDの子どもに対する支援のポイント

●日常生活に根ざした目標を

こうした問題は、年齢が上がるにつれて、徐々に表面化していくことが多いので、このケースでも、早急に個別指導を取り入れることを検討し、家庭で行える支援についても、スクールカウンセラーが提案をしました。Oちゃんの場合、発達的な視点から考えると、計算ができないことは、一人で電車に乗れない、おつかいに行けない、といった形で日常生活に影響を及ぼす可能性があります。そこで、細かな計算に正確な解答を出すことが難しいとしても、買い物の際、レジで言われた金額よりも大きな額のお金を出せること、つまり、数の大小を瞬時に判断できることや、計算機を上手に使えることなど、Oちゃんの苦手なことをカバーできるような目標を立て、将来、日常生活を自分の力である程度、スムーズにこなせることをめざして、支援を行っていくことが必要です。

さらにアドバイスをするとしたら①――子どもに合った個別指導を

『Oちゃんは学習障害があるが、読み書きはなんとかこなせる』とありますので、全般的な知的発達障害ではありません。①このようにLD（Learning Disorders：学習障害）とは、**知的な遅れはないのに、読む・書く・計算する・話す・聞くといった能力のどれかに**（または二つ以上に）困難があります。Oちゃんの場合、算数の繰り上がりと繰り下がりの計算からつまずいてしまい、さらに、手先や運動面での不器用さがあり、ハサミや靴ひもなど細かい作業と、跳び箱や縄跳びなどが苦手です。

そして、②『先生の指示が理解できず』とあるので、聞く能力、聴覚言語の理解力も弱いようです。まだ得意な方の視覚的な理解力を使って、友達の行動を観察し、なんとか課題をこなそうとしているようです。

また、③『すぐに**個別指導を取り入れることを検討した**』とあります。算数の繰り上がり、繰り下がりの計算を補うために、この事例では『買い物の時にレジで言われた金額より大きな額のお金を出す』練習から始めたようです。つまり、『数の大小を瞬時に判断できること』、『計算機を上手に使えること』などを目標にしています。

④**Oちゃんが理解しにくい、繰り上がり、繰り下がりを、はてしなく練習するよりも、金額の大小が判断**できれば、繰り上がりや繰り下がりの計算は不要になり、買い物もできます。同様に、計算機が上手に使えれば、算数の成績は上がらなくても、日常生活には困りません。

⑤このように、**学習障害の子には、本人に合わせた教材が必要**です。無理な教材で苦しい練習を強いるより、できることの**わかる教材で、自信をつけることと**の方が有効です。

また、学習障害の子は、Oちゃんのように指先の細かい作業や、跳び箱や縄跳びなど、身体全体を使った運動が苦手だったりします。聞き取りが難しいのは、必要な音や声と雑音とが同じように聞こえてしまい、先生の声だけを選択しにくいためと言われています。視覚や聴覚そのものには問題がなくても、それらの情報を統合してとらえる力が弱いのではないかと言われています。

さらにアドバイスをするとしたら②――学校の先生とのよりよい協同をするには

これまで、①学校の先生とのコミュニケーションの大切さを繰り返してきました。先生は、一人ひとりの児童やその周囲の児童、保護者のことなど、いろいろなことを考えて忙しく、とても疲れているようにみえます。その中で、発達障害の診断名だけがひとり歩きをして、単なるレッテル貼りになっているようです。ですから、先生や他の子どもたちに診断名だけを伝え、**その診断名だけに頼って子どもを理解しようとすると、逆効果**になります。

②診断名は聞いたことがあっても、実際の日常生活での難しさや、具体的な問題をしっかりわかっている人は少ないのです。一人ひとりの具体的な特性をわかってもらうには、**具体的な出来事をあげて**「○○ちゃんは、**今、うまくできなかったけど、○○しようとしたんだね**」と本人にも、先生にも、周囲の児童にもわかる説明が有効です。そして、「こういう時には、こうして**手伝ってもらうとうまくできる**」という経験を、親も本人も、そして先生も共有できれば前進できます。

③発達障害のことで、相談機関やクリニックに通っている場合、そこの相談員や医師に、学校の先生と連絡をとってもらえるかを**頼んでみることは、決して無駄ではありません**。ただ、多忙などで出向いて話し合うことができない時、どのような連絡方法が可能なのか、などの工夫が必要です。双方の連絡の調整を、担任以外（養護の先生、教頭先生、学年主任の先生、校長先生など）

だと誰がしてくれるか、それも難しいようなら、保護者自身がどのようにできるかを考えて、いろいろ試みてみるとよいでしょう。第7章の187頁から教育連携について、くわしく書いてありますので、そちらも参考にしてみてください。

第6章 発達障害の子とかかわる

保育園・学校のなかで

第5章では、おもに発達障害のある子の保護者の方が直面しがちな問題、トラブルに対する具体的なアドバイスやポイントについて取り上げました。この第6章では、保育士の方や先生、つまり保育や学校などで、発達障害をもつ子とかかわるときに、よくあるトラブルや、その対策について取り上げます。おもに保育士の方や学校の先生へのアドバイスとなりますが、保護者の方々にとっても、参考になると思います。

1 集団行動がとれない

事例16

▼こだわりが強くて、みんなと同じことができない【自閉症・三歳男児】

P君は、乳幼児健診で言葉の遅れと、呼びかけに応えないことなどを指摘され、医療機関で自閉症と診断されました。手遊びやみんなでするお遊戯の時間には、園庭へ飛び出したり、キラキラ光るシールを剥がしたり、蛇口から出る水を無表情で、じっとみつめたりしています。先生が名前を呼んでも、あまり反応しません。にぎやかな音楽や他の子の大声が聞こえると、その場を離れて耳をふさぎ、うずくまってしまいます。そうなると、しばらく動けません。先生が手をつないでゆっくり集団に戻そうとしても、手を振りきって逃げてしまいます。

また、外遊びでは砂場の砂に触りません。少しでも汚れると、集団から離れて長時間手を洗い、先生が「あとでみんなで洗おうね」と言って、一緒に砂場に戻ろうとすると、泣いて嫌がり、教室のカーテンの後ろに隠れて出てきません。制作活動でも、のりや粘土を絶対触りません。他の子が使ったのりが少しでも手につくと、叫び声をあげて、必死に自分の服で拭いとろうとします。

新品のクレヨンなら手にとれますが、紙に叩きつけるように使うので、思うように絵が描けず、興味をなくしてしまいました。ハサミもうまく使えないので、今では使ってみようともしません。最近は制作の時間に、好きな電車のおもちゃの遊びに一人で没頭してしまい、先生が声をかけたり、電車を片付けようとしたりすると、叩いてくることもあります。

裸足になるのも嫌がるので、他の子と一緒にプールで水遊びをしたことがありません。また、折り紙、箸、洋服のボタンのとめはずしなどが苦手で、かなり時間がかかるので、ほかの子より行動が遅くなることが多く、幼稚園でP君が他の子と関わることは、ほとんどありません。

絵本の読み聞かせでは、じっと座っていられません。前に出てきて、絵本を勝手に次々めくろうとしたり、絵本を自分一人で読もうと先生の手から絵本をとるため、他の子からよく「P君やめて！」「とらないでよ！」と非難されます。

自閉症の特徴

P君のように、自閉症スペクトラムといわれる子どもたちは、情報処理に特性をもっています（第4章で自閉症の子の心理について、くわしく解説しています）。そのため、子どもが発達するのに欠かせない模倣行動（まね）が、上手ではないことが多いのです。そこで、**他の子が簡単にできる手遊びやお遊戯、やりとり遊び、生活習慣などがうまく学習できないことを前提に支援すること**が大切です。

P君の、水やシール、特定のやり方へのこだわりや、耳ふさぎなどの自閉症らしい常同行動（同じパターンの行動を繰り返す、たとえば体をゆらすロッキング、耳をふさいでとぶ、など）をとるのは、**「その場面でとらなくてはいけない行動」が理解できていないから**です。だから、「自分（自閉症）の世界」の行動をとるのです。そうなると、まわりが何を言ってもP君には届きません。

また、P君は、物体の視覚的特徴よりも、感覚的特徴に反応しているようです。P君にとって電車や本は、どんなものかがわかっている数少ないもので、大事なものです。それを一度手に入れたら、手放すなんてとんでもないことだったのです。

集団行動ができない子への対策①

Ｐ君は、同年齢の子たちと一緒に行動するのは、まだ時期が早いようです。

その根拠はいくつかあります。①のりやクレヨン、はさみ、粘土などの幼稚園でよく使う道具の使い方をマスターしていない（つまり工作の時間に、何をしたらいいかを理解していない）、②砂場やプール遊びの楽しさをわかっていない、③身のまわりのことも年相応にはできない、④絵本を読むことはわかっても、「みんなに読み聞かせる」ということが理解できていない、⑤おもちゃの共有、というルールもわかっていない、そしてなにより、⑥「先生は指示を出す人」、「先生のそばにいれば安全で、助けてくれる」という基本的なことがわかっていない、などです。

この事例では、具体的にはどのような対策が必要でしょうか。

①まねの練習をする

Ｐ君は、他の子をモデルとして（まねして）行動していないようです（事例13のＭちゃんの事例にもあるように、まねができることは集団生活で大事なことです）。先生がマンツーマンで、一緒に手伝いながら行動をしてやること、先生のすることを見て、それを模倣することを練習する必要があります。

②その子が理解しやすい指示をする

P君が先生の指示を聞けるようにするには、先生が「P君のできること」を正確に把握して、P君が理解できるような指示をすることが必要です。それには、できていないことをどのように習得させるか、つまり**「どんな指示がわかりやすいか」という知識**が必要です。自閉症をもつ子の場合、言葉ではなく、目で見せる方が学習しやすいのです（自閉症の特徴とされる、このような情報処理の特性を「視覚優位」といいます）。

たとえば、Pくんはクレヨンやはさみの使い方がわからず、感覚的特徴だけで苦手になっているようです。そこで、P君にただやらせるのではなく、まずは他人がやっているのを見ることから始めてみましょう。ただし、今までの経験からかなりの苦手意識があるので、ちゃんと見られるようになるには、まずP君の気持ちが落ち着いていることが必要です。

③その子に合ったレベルの課題から始める

クレヨンやはさみの使い方が理解できたようでしたら、実際に使わせてみましょう。これも、ただやらせるのではなく、工夫をしてみてください。はさみも細長い紙を一回で切る課題から始めたら、面白さがわかるかもしれません。のりは、手につかないタイプを使ってみるなど、みんなど同じ課題ではない教材（一歳児のお子さんのレベルなど）から始めると失敗しないと思います。

④「感覚過敏」になってしまったときは

Ｐ君がお友達の大声にうずくまってしまうように、「感覚過敏」といわれる、苦手な感覚刺激がある状態は、周囲の情報がうまくとれず、不安が高まっているときによく起こります。クラスのお友達が一緒に動こうとひっぱったり、やらせようとしたり、やってあげようと物をとりあげたり、などの働きかけは、かえって逆効果のようです。人から情報をとることが苦手なので、複数の人がいると混乱してしまいます。そこでまず、まわりの子どもたちから距離をはなして、先生とマンツーマンの状況を作ることからはじめますが、そのためには教室のすみに行く、ついたてでシャットする、教室から出るなど方法は複数あります。

⑤いつもと違う行動をするときに注意すること

自閉症の子は、パターンが決まった行動は理解しやすいのですが、それが変化することに激しく動揺します。とくに幼児の集団は、気分や行動の変化が激しいので、自閉症の子が混乱してしまい、本当はできるはずのことも、できなくなっている可能性があります。まわりに子どもがいない、余計な刺激もない場所で、先生とできること探しをしてみると、意外とわかっていることが多いことが発見できるかもしれません。

また、一日の生活の流れのうち、**どのタイミングで、何をするかを教えるには、絵カードを使う方法も有効**です（第5章の事例12も参考にしてください）。やることが終了したら、裏返す、またはチェックの印をつけるなどをしてやると、予定をこなすことがやりやすくなります。

⑥ できることを評価して、すごしやすい園生活にする

できないことをできるようにするために、大人がとなりに寄り添うことを強調しましたが、**「できていることが何なのか」を知る**ことも、重要です。自閉症の子は、毎日同じように繰り返されること、場所が決まっていることは、習得しやすいのです（たとえば、おやつや給食の時間、外へ行くときは靴を履く、園の帰りにはかばんをかけるなど）。そこで、**「できることを指示して、実際にできたら評価してほめる」**を繰り返していくと、**「指示に従うといいことがある」**ということが、理解できます。この時の評価は、シールなど目で確認できると、評価されたことに気が付きやすくて効果的です。

このように、できることが増えると、褒められることも増えて、気持ちよく過ごせる幼稚園になるのではないでしょうか。

2 パニック・かんしゃくをおこしやすい

事例 17

▼声をかけないと行動できない、いつもと違うとパニックになる【高機能自閉症・五歳女児】

Qちゃんは保育所のすすめで、地域の相談センターで検査・行動観察・医師の診察を受け、高機能自閉症と診断されました。言葉のやりとりはやや一方的ですが、要求を伝えることや、簡単な指示を理解することはできます。しかし、朝の着替えや準備に、とても時間がかかり、よく遅れてきます。

保育所に着いても、靴やカバンをしまう場所がわからず、荷物を下に降ろしてぼんやりしています。先生が片づけ場所を教えると片づけられますが、次の日には、またぼーっと立っていました。園庭遊びの後、みんなは手を洗いますが、Qちゃんはぼんやり立っています。先生が「手を洗おうね」と言うまでそのままです。給食前、他の子は自然とトイレに行くようになっていますが、Qちゃんは一人でぽつんと教室に残っています。

また、保育内容が少しでも変わるとパニックになります。いつもの時間と違ったり、いつもの歌と違ったりすると、ひっくり返って泣き叫びます。先生は、こんな時のQちゃんへの対応だけではなく、他の子にQちゃんのことをどう説明したらいいか、悩んでいます。

また、Qちゃんは園庭の滑り台が大好きで、園庭遊びの時間が終わって、他の子が室内に入って次の遊びの用意をしはじめても、一人没頭して滑り台遊びをしています。しかし、同じ園庭での遊びでも、バランスをとったり、リズムに合わせて運動するのは苦手で、体を思うように動かすのが難しいようです。運動会の練習中、思い通りにできないことにイライラし、泣いたり、大声で叫んだりして、落ち着くまでかなりの時間がかかりました。

高機能自閉症の特徴

まずは、高機能という名称の曖昧さを少しお話しします。高機能とは、知能テストで遅れが目立たない場合につけられることが多いです。知能テストは、個別で実施され、周囲からの余計な刺激がなく、やることがはっきりしていて、間違えてもそれを指摘されない状況で行われます。本来の能力を発揮するには絶好の状況ですが、日常的な生活（とくに集団生活）では、まずありえない状況です。**知能テストで高い知能を示しても、普段の生活でその力を出せないのが自閉症の特徴**で、Qちゃんはその典型です。幼い時に「高機能」と診断されても、青年期になると「知的障害をともなっている」と再診断されるケースも、かなりあります。だから、**幼児期に「理解がい**

い子」と誤解されると、かえって支援を受けにくくなってしまいます。

集団行動ができない子への対策②

①声をかけないと次の行動ができない子

Qちゃんは年長さんで、保育園の中での行動は、先生の指示がなくてもやれる年齢です。しかし、Qちゃんのように、一日の流れ（朝の準備、手洗い、片付けなど）を、声をかけないとやれないのは、P君の解説にもあったように、自閉症スペクトラムのお子さんは、習得の仕方が違うからです。だから、「やれないことは、まわりの子を見て真似しなさい」という教え方は、あまり有効ではありません。効果的な教え方は、さきほどのP君の解説も参考にしてください（152頁）。

自閉症スペクトラムという名称は、自閉症特有の認知特性に合わせた教え方が効果的、という意味で、支援をする時に役立ちます。「高機能」という分類に惑わされずに、やれないことを練習してできるようにする支援をしますが、**基本は先生がマンツーマン**で教えるほうが有効です。また、高機能とされた子の場合、事例16でも説明したように、**モデルを見せる**方が当然理解しやすくなります。Qちゃんは生活動作の一つ一つが「朝の準備」「手洗い」という、まとまりある動作の一部であることをすぐ忘れてしまいますので、「声かけ」や「手順表」（P君の解説⑤参照）

を使うことで、「できない子」という評価を「がんばっている子」に変えてやれるといいですね。

② 予定の変更に弱い子

P君の解説にもあるように、予定の変更に弱いのも、自閉症スペクトラムの特徴です。周囲の大人がお楽しみのために用意してやったことに混乱してしまい、結局、みんなが楽しくない経験をすることになりがちです。そこで、**変更することを事前に予告して、過ごし方を説明したり、場合によっては、図に描いてやったりします**。さらに、時計が読める（時間がわかる）子には、**終了時刻を伝えてやる**ことが、「楽しいこと」を「楽しい」と感じられるために、周囲の大人が手助けする部分です。

③ パニックになる子

Qちゃんは気持ちの切り替えがうまくできずに混乱すると、パニックと呼ばれる「泣き叫ぶ」「ひっくり返る」などの行動をしてしまいます。ちょっとした刺激に動揺しやすい子は、パニック行動になる前に、**落ち着ける場所**（静か、人が少ない、好きなものがある、などの条件が揃った場所です。園だと職員室、園庭の隅、ままごとハウスなどが人気があります）**に移動し、他の園児にパニックになっている姿を見せない**方がいいでしょう。というのは、Qちゃんは「先生の言うことを聞かないダメな子」というイメージをもたれてしまい、同年代の子たちから注意を受ける対象となってしまうことが多いからです。周囲の子どもたちから口々に注意される体験をすると、その後、恐怖のシーンとして、Qちゃんのような動揺しやすいタイプの子の記憶にくっきり残るようです。

④ 体の使い方が不器用な子

バランスの悪さや体の使い方の不器用さは、自閉症スペクトラムに乳児期から存在していることが多いです。言葉の遅れの方が目立っていたり、特定の動きや操作は器用にやれることが多いので、周囲にあまり気づかれないこともあります。年齢が大きくなると、より複雑な体の動きを要求され、やったことがない動きや手、足、頭など複数の部位を協調（タイミングをあわせて動かす）させた動作は、上手になるのに時間がかかります。しかし、先生とのマンツーマンや、家庭での個別練習で、できるようになれたら自信がもてるようになります。Qちゃんの場合、目の前で教えてやるのもいいのですが、**先生のモデル演技をＤＶＤに撮ってそれを見せてやったり、動きの図解などのほうが、動きがマスターしやすい**ことも、知っておいたほうがよいでしょう。第2章で紹介した「先手のトレーニング」（49頁）をすることも有効です。

3 言動が乱暴で、友人に暴力をふるう

事例18

▼人が多いと興奮して暴力的になり、話が一方的【アスペルガー障害の疑い・四歳男児】

R君は、家ではそうでもないのに、幼稚園では乱暴な言動をします。かかりつけの小児科医に相談すると、総合病院の小児外来を紹介され、アスペルガー障害の疑いと診断されました。

R君は一人だと落ち着いていますが、クラス全員でする遊びの時は、声を上げてはしゃいで走り回ります。その時、ちょっと自分にぶつかる子がいると、叩いたり蹴ったりします。ぐるぐるとその場で回り続けるときもあり、目が回ってフラフラになっても、先生が声をかけてもやめません。止めようとしてR君に近づいた子も、反対に体当たりされて、泣いてしまいます。

椅子取りゲームで椅子に座れないと、R君は座っている子を無理矢理椅子から降ろし、自分が最後まで残ろうと必死で、先生の声も耳に入りません。自由に遊ぶ時間では、自分の好きなおもちゃを真っ先に取って、自分のまわりに置きます。他の子がそのおもちゃで遊ぼうとすると、突き飛ばしておもちゃを取り戻そうとしたり、先に好きなおもちゃを手にした子に、飛びかかって噛もうとすることもあります。

給食の時間、食物アレルギーのある子がお弁当を持ってくると、「だめ！これ食べるんだよ！」と、みんなと同じ給食を食べるように言って、取り上げてしまいます。注意してなんとかお弁当を返させますが、毎日同じことをします。

退園前に、先生が大事な話をしていても、「それ知ってる。前にパパがなー」といって、大きな声で話すため、なかなか話が進みません。注意すると一旦おしゃべりをやめますが、すぐにまた大声で話を始めます。他の子と話すときも、R君が一方的に話すので、相手の子がR君と話すのをやめてしまうことがあります。相手が自分の話を聴いてくれなくなると、R君は怒って、相手の耳をひっぱってでも話そうとします。

アスペルガー障害の特徴

周囲の世界への情報収集の仕方が違うと、理解しにくいことも異なります。聴覚に問題があると「話し言葉」が、視力に障害があると「みること」が苦手です。これらの例は理解しやすいのですが、**自閉症スペクトラムの子たちは「人間の行動」が苦手な情報**だとは、なかなか理解してもらえません。とくに、アスペルガーという障害は理解されないことが多く、R君のような子は「友人関係でトラブルが多い」「自分勝手な行動をとる」と思われがちです。こう思う前に、集団生活で人間の行動から情報がうまく入手しにくいと、何が起こるか想像してください。子どもたちの行動は、気まぐれで一定ではありません。遊びも毎日同じではなく、隣にいる子も違ったりします。事例16、17のP君やQちゃんの例のように、自閉症スペクトラムはパターンが決まったことは得意ですが、状況によって変化すると混乱してしまいます。とくに、R君が疑われているアスペルガー障害は、発達の遅れが目立たないので、**人間関係の学習が苦手だと気づかれないことが多い**です。

苦手でも、経験から学習することで対人関係上、適切な行動をとれるようになっていくのですが、その時に不可欠なのは**「適切な行動を指示してくれる人」の存在**です。対人関係の発達は、当然、**味方になってくれる大人との関係**からスタートします。要求を通してくれる人とよい関係になるのは簡単ですが、要求が通らない人や、「やりたくないこと」を指示してくる人との関係を作るのが難しいのが、アスペルガー障害を含めた自閉症スペクトラムの特徴です。

暴力が多い・乱暴な子への対応のポイント

① みんなでルールをまもる

子どもの中での体験は、間違った学習につながることが多く、**間違えないように軌道修正する**

のが先生の役目です。Ｒ君は、給食は出されたものを食べる、人の話を聞くなど、先生の伝えたルールの一部は身についていますが、友達同士は注意しない、ということがわかっていません。しかし、いけないことをする子を注意するという行動は、先生の気づかないところで他の子もやっているはずですので、Ｒ君を含めたクラスのみんなに守ってもらいましょう。Ｒ君は場の空気が読めないので、それが目立ってしまった可能性が高いです。また、遊びのルールが守れない時は、参加しないということも教えます。

②落ち着くまで一人に

説明だけではわからないので、まずは先生が、一緒にその場から少し離れて、気持ちが落ち着くまでそっとしておく、などが有効です。予想通りに人が動かないと、Ｒ君は激しく動揺します。その時にとった行動を注意しても、動揺がひどくなって、パニック行動を引き起こすだけです。また、周囲に人がいっぱいいると、とくに先生の指示が耳に入りにくくなります（Ｒ君の場合は興奮状態になるようです）。いつも集団で過ごしていると、問題行動が増えてしまいますので、**ときどきは子どものいない空間で、興奮を冷ましてやる**ことも必要です。

③ とくに丁寧なかかわりを大切に

幼児期は、子どもから学ぶより、家族以外の大人の人にも理解してもらえた、評価してもらえた、という経験が大切です。周囲からの情報の取り方が上手でない子には、一つ一つ具体的な行動のとり方、これから何が起こるかの説明、お友達の行動への注目、などを教える役が必要です（次のSちゃんの解説にある、通訳のような役です）。お母さんが、無意識にその役をやっているご家庭も多いですが、なかには特性が理解されない子たちも数多くいて、家族の中で注意されてばかりだったり、何をしていても放置されていたりします。R君の行動も、丁寧に人との関わり方を教えられてきているとは思えません。なぜなら、順番を守ること、おもちゃを共有すること、お話は聞く番もあること、さらにゲームに負けても怒らないことも、学習していないからです。

保育園で、これから何が起こるか、R君はどうしたらよいか、もし行動がとれないときはどうしたらよいか、お友達はどう感じているかを、**根気強く先生たちが教えていってください**。どうしたらよいかわからない時には、まず先生のそばに来るほどの信頼関係ができるといいですね。そのためには、**先生がR君の行動予測ができる**ようになってください。先生が予想したようにR君が行動すれば、他の行動パターンも一緒に動くことで教えていけます。してしまった行動を、した後で注意するという方法は、事態をこじらすことが多いものです。

4 コミュニケーションが苦手で、からかわれやすい

事例 19

▼不器用なのをからかわれ、周囲にうまくなじめない【アスペルガー障害・小学二年生女子】

Sちゃんは、学校でからかわれることがあり、それを心配したお母さんが、市の相談センターに来談しました。そこで医療機関の受診をすすめられ、アスペルガー障害と診断されました。Sちゃんは話し方や体の動きがぎこちないところがあり、他の子より体格がよいので、それがさらに目立ってしまいます。

休み時間に、Sちゃんのしゃべり方や動きをまねしたりして面白がる男子がいました。Sちゃんはなぜ真似をされるのかわからず、動くように言われて素直に従い、まわりがさらに笑うのを困り顔で見ています。女子にもアイドルグループの歌や踊りをするように言われて素直に従うと、やはり笑われます。しかし、どうしたらよいかわからないようで、命令を拒否しません。

ある日、同じようにポーズをとっていると、「きもい！」と言われました。Sちゃんが、その子に「大丈夫？」と声をかけると、もっとからかわれるようになりました。あとで先生がSちゃんに話を聞くと、Sちゃんは「きもい」という言葉が、「気持ち悪い」という言葉であること

はわかっていて、「気持ち悪い」＝「具合が悪い」と思い、心配して声をかけたそうです。

グループで話をしている時、早口で話されるとSちゃんは、話の流れがわからなくなるようで、突然話をふられるといつも「うん。そう思う」と言い、話の流れにそぐわないことを言ってしまって、また笑われてしまいます。

また、Sちゃんはいつも静かに授業を受けていますが、まわりの子のおしゃべりに、必ずその場で「授業中はしゃべっちゃだめなんだよ。静かにして」とはっきりした声で注意するので、「変な子」「うるさい子」と思われています。注意された子が嫌そうな顔をしても、気にしません。放課後はクラスメートと大なわとびをしていましたが、いつもSちゃんでひっかかってしまい、「タイミングを見て入って、跳んだらあっちに行くんだよ」と説明してもらっても、うまく跳べないので、最近はあまり誘われなくなりました。

いじめを受けやすい、からかわれやすい子への対応のポイント

① 発達障害の子がもつ、いいところを伝えよう

事例18と同じことを説明しますが、人間の行動の理解が苦手なのは、アスペルガー障害と診断された人たちがもつ障害特性です。しかし、事例16～18までの例と違い、Sちゃんは社会参加す

るためのルールは身についています。お友達に嫌な思いをさせないように、精いっぱい頑張っています。子どもたちには、そんなSちゃんのよい面がわかりにくいと思います。アスペルガーを含めた自閉症スペクトラムに本来備わっているよい面とは、

- **繰り返しやることをいやがらない（同じことを何度もやる）**
- **一度身に着けたルールはきちんと守る**
- **時間をかけても丁寧にやる**
- **争いごとを好まない**
- **やれていることをアピールしない**

などです。これらのよいところを**先生が言葉にしてみんなに伝える**と、自閉症スペクトラムのお子さんたちの素晴らしさがわかり、成人後も共生できる社会になると思います。

②先生が通訳の役割を

まわりの子が小学校低学年だと、まだ相手の気持ちを尊重する行動がとれません。ましてSちゃんは、どこが相手を怒らすポイントか、もっと言えば、相手が気を悪くしていることさえも、理解していないときがあります。風俗習慣の違う異国にやってきた観光客のような状態です。そんな時にそばに通訳がいると、その国の印象は大きく違います。**Sちゃんに状況を解説してくれた**

り、**相手に「Sちゃんに悪意はなく、状況判断のミスでこういう発言をしてしまったこと」を説明したりする人**がいると、Sちゃんは集団生活（学校）が好きでいつづけられると思います。

③ 子どもの集団のなかで過ごすために

また、幼稚園や保育園では、先生が子どもから目を離すことは、ほとんどありませんが、小学校に上がると、休み時間や登下校など、子どもたちで過ごす時間が増えます。すると、人との関わり方の学習がうまくないSちゃんのような子は、大人の介入なしで、子どもの集団のなかで行動を学習しなければなりません。また、Sちゃんのように不器用な子は、集団の中で立場が低いことが多いものです。異年齢の集団で年長児が統率している子ども社会でなくなっているので、社会的なルールを教えられないまま成長してしまいます。**お友達をからかったり、いじめたりすることはよくないということを、Sちゃんだけではなく、ほかの子どもたちにも、指導していく必要があります。**二年生ごろまでなら、先生の指示を疑うことなく身に付けていけますが、それより大きくなると、「普通」の子どもたちは、先生の前だけ従うという、「たてまえ」の行動をとるようになってしまいます。

④ 先生の態度でも、まわりは変わる

クラスの子どもたちは「先生がSちゃんにどう対応するか」を、よく見ています。「できないことを注意されてもできずにいるSちゃん」ではなく、「先生が評価しているSちゃん」にしていくと、クラスの雰囲気は変わってくると思います。素直に「そう、思う」と言ってしまうことを、「お友達の意見に賛成してあげてやさしいね」、しつこく踊ることを「お友達に見せてあげようと思ったんだよね」と評価の言葉を入れるだけで、からかわれる場面は減っていきます。**クラスのみんながお互いを評価しあうクラスづくり、いいとこ探し**などを、道徳の時間などを活用して実施するといいと思います。また、Sちゃんは大なわとびの例でもわかるように、言葉だけで指導しても、どう動いていいのか、すぐには理解できません。この章で繰り返し述べたように、環境を整え、スモール・ステップで教えましょう。

5 特定の分野の勉強についていきにくい

事例20

▼文字をうまく書けず、音読や計算が苦手【ＬＤ・小学校三年生男子】

Ｔ君は、授業中の様子を担任の先生に心配され、スクールカウンセラーに相談に行くことになりました。スクールカウンセラーは、先生やお母さんに話を聞き、授業中のT君の様子を見て、お母さんに市の相談センターをすすめました。T君は、そこで発達検査や診察を受け、LD（学習障害）と診断されました。

T君は、まず漢字の学習に苦労しています。T君の宿題を見た先生は、ますや枠から大きく漢字がはみ出ていることに驚きました。また、へんとつくりが逆だったり、線が足りなかったり、逆に線が一本多い漢字もありました。T君の状況を注意深く見てみると、ノートに書く漢字は、形の似ている別の漢字を書き、短い日記を書かせると、「ゅ」「ょ」など小文字を正しく書けていないところがありました。一生懸命、連絡帳に明日持ってくるものを書いても、忘れ物をします。先生が連絡帳を見てみると、黒板を写した文章がどこに書いてあるのかわかりません。文字が重ねて書いてあったり、文の順序がぐちゃぐちゃだったりします。

教科書をT君に読んでもらおうとすると、どこから読むのかわからず、いつも隣の子に教えてもらっています。読み始めても、とてもゆっくりで、たどたどしい読み方です。文字や行を飛ばして読んでしまうことも多く、手を震わせながら必死で読もうとするため、先生自身、T君に音読してもらうのをためらってしまいます。

算数では、九九などを上手に暗記して、得意げに披露します。しかし、数字のけたをそろえて書いて計算することは、難しいようです。さらに、文章題はどのような式をたてるのかわからず、テストで空白部分が目立ちます。「足し算かな？　引き算かな？」と聞いても、黙ってしまうことがよくあります。時には文章中の数字をひたすら足そうとしたりします。

ＬＤ（学習障害）の特徴

ＬＤ（学習障害）は目標が立てにくい障害です。簡単に言えば、学習の習得に問題があることなのですが、現在の学習で何がどの程度、未習得なのかを評価するのさえ困難です。Ｔ君の場合、読み、書き、算数の学習スキルのどれもが問題です。

しかし、文章レベルの読みは悪くても、読みの障害が算数の問題に限るかどうか、たとえば好きなものに関する本（最近の子はゲームとかアニメ、鉄道や恐竜など）ではどうか、単語レベルの読みを漢字にしたらどうか、単語と単語の間をあけるとどうか、など**細かい現状把握が必要**です。書きの障害もありますが、枠の中に書くことができない時に、枠を意識できないのか、鉛筆を操作する力が未発達で、線がコントロールできないのか、字の認知そのものが間違っているのか、いろいろな場合が考えられます。専門機関での発達検査などのデータも参考にして、まず、正確な学習の力を知ることから始めなくてはいけません。

個別プログラムによるLD（学習障害）の支援

しかし、正確な学力の力を知っても、いつ、学力向上のための時間をとるのかが問題です。三年生のクラスの学習をしながら、T君に合わせた個別の学習のスキルアップをするのは、事実上無理です。クラスの中で工夫するとしても、答えが薄く書いてある上をなぞるとか、答えを手元において写すとかなど、書く力を向上させる練習ぐらいしかできず、三年生の学習は身に付きません。また、周囲の目も気になって本人が嫌がったり、保護者の同意が得られないことも多いです。

つまり、T君の学力を上げるためには、**特別支援教育の対象児であると学校が認識し、個別プログラムをたてる**ことが必要です。担任あるいは特別支援コーディネーターが、校内委員会に資料を提出して是非を検討しますが、これは担任一人ではなく、**学校全体、すなわち六年生で卒業するまでの、長期的見通しに基づいて、継続的に援助していく**ということです。個別プログラムを実施する場合、通級制度や特別支援学級、基礎学力補助クラスの利用、または学習支援員など、市町村によって、さまざまな形態があります。自分の学校では、どの制度が使えるのかを調べ、個別支援教育プログラム（ＩＥＰ）をたてて、保護者と検討します。

そして、学校で練習すること、家庭で練習すること、専門機関の専門的介入の必要性などについて、学校と家庭で意見が一致していることが望ましいです。

6 じっとしていられない

事例21

▼よく動き回り、飽きっぽくて、集中できない【ADHDの疑い・六歳女子】

Uちゃんは幼稚園年長です。よく動き回り、集中力が続かず、気づくと道路に飛び出してしまうUちゃんをご両親は気にしていました。ネットで調べてみると、Uちゃんの様子とよく似た記述のあるページに、まずは医療機関を受診することがすすめられていました。近所の総合病院で診察をうけると、ＡＤＨＤ（注意欠陥多動性障害）の疑い、と診断されました。

幼稚園でのUちゃんは、制作や歌の練習に最初は楽しそうにしていますが、すぐ他の子の様子が気になって歩き回ります。また、目についたおもちゃを手にとって遊び始めてしまうこともあります。先生がYちゃんに声をかけると戻ってきて、またしばらくは制作や歌に取り組みますが、今度は外の様子が気になって、窓のところに行き、「鳥がいるー、あの鳥、前もいたよ。おばあちゃんのおうちにもいっぱいいいてね……」と話し出し、とまらなくなります。

さらに、Uちゃんがみんなと一緒に静かに座っているので、次にすることを説明しました。しかし、話し終わるとすぐに、「次なにするの？」とぴょんぴょん跳ねながら聞いてきます。

Uちゃんがきちんと聞いていてくれていると思っていた先生は驚いてしまいました。

また、「食べる前に手を洗う」という決まりが、なかなか守れません。給食と聞くと、部屋を飛び出して給食室に走って行き、先生が迎えに行くまで帰ってきません。園庭遊びになると、先生が話をする前に、Uちゃんは好きな砂場に走って行ってしまいます。なんとか呼び戻して、みんなと一緒に座っても、体がごそごそ、足がそわそわして集中できません。お道具箱のクレヨンやはさみ、帽子などの持ち物もよくなくすので、一緒に探すことになります。

自由遊びの時間、Uちゃんは人形でおままごとをするのが好きです。好きな人形を、他の子が持っていると、「それ、つかう!」と言って取ろうとします。先生が「順番ね、Uちゃんは次に遊ぼうね」と言っても、待てずに人形を取り上げてしまうことが何度もあります。ボール遊びの最中に、突然Uちゃんが割り込んでじゃまをすることもありました。

ADHD（注意欠陥多動性障害）の特徴

ADHD（注意欠陥多動性障害）の行動上の特徴としては、つぎのようなことがあげられます。

- **注意の持続が難しい**
- **行為をする上で邪魔になる刺激に反応してしまい、物事を実行する力が発揮できない、**

・何かが頭に浮かぶと、即、行動したり発言したりする

人が行動をするには、「計画を立て、その結果を予想し、周囲の状況によって実行していいかどうかを判断する」、という頭の中でのシュミレーションが必要で、集団生活が始まる三歳頃には、ほとんどの子どもが、このような行動様式をとることが可能になってきます。

しかし、ADHDは視覚的な情報が何よりも優先されてしまい、「ほかの人が使っている」「制作をしなくてはいけない」「お片付けがまだできていない」などの状況が、頭から無くなってしまいます。つまり、行動が衝動的で、集団の中で子どもたちが自然に身につけていくはずの生活の流れや、毎日繰り返される日常生活動作（朝の会、登園してからの一連の動作、給食、排せつ、手洗いなど）が身に付きにくいのです。

ADHD（注意欠陥多動性障害）の子への対応のポイント

ADHD（注意欠陥多動性障害）という障害は、知名度は高くても、具体的にどう対応すればよいかわからないことが多いようです。学齢期になれば、薬物療法などもありますが、幼児の場合、現場や家庭での工夫しか手がありません。

① 習慣化・手順表が有効

声をかけながら、一つ一つの動作を習慣化させ、手順を書いたものを見せることによって、ほかの刺激が目につかないようにするような工夫が必要です。この方法は、ＡＤＨＤ特有のやり方というより、自閉症スペクトラムに有効とされる方法が、有効なことが多いです。**ただし**、刺激にすぐ反応し（易刺激性）、学習したことが定着しにくいため、教えても学習効果が少ないと感じます。また、声掛けがいつまでも必要なことが多く、物事に集中できず、しかも常時、落ち着きなく動いているために、手間がかかる印象があることが、自閉症スペクトラムとは違います。

② あきらめずに、学び続けるＡＤＨＤをめざそう

ＡＤＨＤと診断されていた子が、大きくなって衝動的な行動が減ると、今度は対人関係のトラブルや学習の問題が生じることがあります。これはＡＤＨＤだけではなく、学習障害、自閉症スペクトラムなども合併していることに、後になって気づくケースです。

障害による合併の発見が遅れると、教えなくてはいけなかったことを教えられず、年齢のわりにやれないことが数多くある状態になってしまいます（したがって、ＡＤＨＤを確定的な診断と考えずに、発達障害のような大まかな分類をする傾向になってきています）。人間関係や、その場で要求される行為が年齢とともに複雑になっても、**学習し続ける姿勢があることが、将来自立した生活**

が送れるかの、重要な分かれ道になります。とくに、学習効果が高くなく、衝動的な行動を注意されることが多いＡＤＨＤの場合、この努力を続けるためには、周囲の人の温かい励ましが必要です。あきらめずに、練習し続ける子どもに育てましょう。

③ ＡＤＨＤにやってほしい、幼児期からの訓練

ＡＤＨＤと診断された場合、幼児期に、ぜひ取り組んでいただきたいことがあります。それは**自分の体の動きを意識的に止めること**です。

この練習としては、線からはみ出さない、線の上を歩く、壁に手をついて動かない、枠の中にとどまるなど、視覚的手がかり、物理的手がかりを利用して、自分の体を静止させる課題が効果的です。

徐々に上達することを、「何秒長くできたね」など、秒数やカウントすることで、教えましょう。できたらシールなどを与え、**向上していく感覚を身に付けてもらう**と、これからたくさんのことを、努力して身に付けるための基礎固めとなります。

第7章

発達障害の子への支援と連携

保護者・学校・行政・医師との連携

1 支援の連携で子どもを育もう

「発達障害」とはどういうことなのか、ここでもう一度整理してみます。

私たちのこころには、たくさんの働きがあります。そのうちの、「どんなところの働きがどの程度遅れているか」で「発達障害」は分類されています。つまり、**発達障害はあくまでも「遅れ」であり、「異常」や「欠陥」ではありません。**とくに子どもの精神発達は、時に停滞しながらも絶えず成長し続けて、停止することはありません。いまは目覚ましい成長がなかったり、成長のペースがゆっくりで、もどかしさを感じたりしても、すべての面で確実に、成長発達を続けています。

つまり、発達を育むにあたり、保護者・保育者・教育者が、子どもと向き合った時に感じる「なにか気になる」という感じ、言い換えれば、何かしらの「生きにくさを実感している」子どもに早い時期に気づくことです。つぎに、その子どもの言葉や行動の意味を考えること、そして**一人ひとりの子どもの特性に応じた、日常の環境を整えていく方法を考えること**が、大切になります。

そのとき、**子どもや保護者をとりまく教育関連機関などと、連携がとれている支援は、保護者にとっても大切な支えとなります。**しかし、保護者が「育てにくい子」「気になる子」と、早期から感じつつも、その子育てのしんどさや大変さを、誰にも相談できないこともよくあります。また、保護者が相談に行っても、専門機関などから的確なアドバイスや、医療機関への紹介がなかったために、「正しく理解してもらえなかった」という気持ちになり、さらに孤立感や絶望感を深める場合もあります。

保育・教育的、療育的、医学的な連携がなされた対応と、じっくりした支援は、お母さんたちの安心感につながるだけでなく、子どもの大きな成長を育みます。そこで、本章では「連携の持ち方」の視点から、事例を通して「子どもの気持ちに添った理解」と、「子どもを支援するポイント」を解説します。

2 母子支援による連携

事例22

▼子どもにプレイセラピー、お母さんに母親面接【発達障害の疑い・小学四年生女子】

［家族構成］父（四三歳・単身赴任中。週末のみ自宅）、母（三九歳・専業主婦）、妹（六歳）

小学三年生の三学期から、Vちゃんは「学校に行くのが恐い」と言い始めました。

はじめは、お母さんが付き添えば学校に行けましたが、だんだん、お母さんが付き添っても

「学校に行かない」と泣いて訴えるようになりました。そんな時、お母さんは、Vちゃんを強く説得して、力づくで登校させましたが、Vちゃんは給食の時に吐いてしまい、翌日には「給食があるから行かない」と言い、その後、欠席が続くようになりました。

最近、Vちゃんは自宅でも無気力な様子で食欲もなく、夜も眠れていないようです。

お母さんの話では、Vちゃんは幼稚園の頃から、友達と一緒に遊ぶより、一人で遊ぶことを好んでいたそうです。担任の先生も、友達と馴染むのに時間がかかり、集団行動が苦手なVちゃんが気にかかり、お母さんに大学の相談室をすすめました。

そこでは、二週に一回のペースで、Vちゃんにはプレイセラピー、お母さんには、Vちゃんの様子を聞くための母親面接を行うことになりました。プレイセラピーを開始した頃は、まったく話さず、表情も硬いままでした。女性セラピストと箱庭で遊んだり、ボードゲーム、お絵かきなどをするうちに、だんだんとVちゃんからの会話が増えてきました。

また、お母さんのカウンセリングでは、お父さんの単身赴任が始まった頃から、夫婦間の会話がなかったことが語られました。しかし、お父さんの子育て参加が徐々に増えるようになると、Vちゃんの付き添い登校の時間が短くなり、頻度も少なくなっていきました。その後、一年半の相談期間を経て、Vちゃんは、お母さんの付き添い登校がなくても、友達と一緒に登校ができるようになりました。

子どもの気持ちに添って、対応や支援の方法を考える

まずは、「学校に行くのが恐い」と言って登校しなくなったVちゃんが、どんな気持ちでいたのか考えてみましょう。

- 「友だちはほしいけど、相手の気持ちを考えたり、人に合わせて行動したりするのは苦手だな。つき合い方がわからないので、さみしいけれど、一人の方が気持ちが楽だなあ」
- 「給食の時間のおしゃべりって、何を話したらいいのか難しい。みんなの話を一度に聞くのもたいへんだな」
- 「お母さんが学校に行けって言うし……でも、お母さんがいないと不安だな。ずっと、お母さんのそばがいい」

などの気持ちが考えられます。ここで大切なことは、障害のあるなしにかかわらず、**子どもの困った行動にたいして、その子どもの気持ちに添って、「どんなところで、生活のしにくさを感じているのだろうか」という視点から、子どもへの対応や、支援の方法を考えていく**ことです。

こんな気持ちのVちゃんを無理に登校させると、かえって精神的な負担をかけてしまいます。担任の先生が相談室をすすめたこと、お母さんが無理やりに登校させることをやめて、相談室に足を運んだことは、すばらしい対応です。

母子支援のポイント

この事例では、Vちゃんへのプレイセラピーと、母親カウンセリングが支援のポイントでした。その支援のもつ意味を考えてみましょう。

① 子どもの自信を育てる

プレイセラピーは、子どもを対象とした遊びを、おもなコミュニケーションや表現の方法として行われる心理療法の一つです。こころの内側に起こるさまざまなことを、言葉で伝える力がまだ十分ではない子どもにとって、遊びは言葉に代わる表現方法となります。Vちゃんは、セラピストと二人で一年半のプレイセラピーを続けました。そこでVちゃんには「ここではいろんな気持ちを出しても大丈夫なんだ」「自分のことをちゃんとわかってくれる他人がいるんだ」、そして「人と関わるのは楽しいな」というように、対人関係への安心感や自分への自信が育ってきたようです。

② お母さんの焦りと不安をサポートする

自分の子が不登校になって、焦りと不安を感じない保護者はいません。まして、Vちゃんのように就学前から「気になる子」であればなおさらです。母親カウンセリングでは、本来お父さんに相談することや、助けてほしかったこと、不安に思っていることを、カウンセラーに受け止めてもらうことができました。

③ 親子関係の改善をめざす

お母さんの不安や焦りが少なくなると、いままでの子育てのなかで、Vちゃんに向けられていた関わりにくさからくる、イライラが軽減するでしょう。一方では、Vちゃん自身が、少しずつ自信を回復してくる様子とあいまって、親子の安定したコミュニケーションの改善へとつながっていきます。

④ 子どもの個別的な成長にそった発達支援を考える

Vちゃんが集団になじむには、ほかのお友達とくらべて、ずいぶんと時間がかかるようです。そのような発達的な特徴や、課題を保護者が理解したうえで、Vちゃんの気持ちに添いながら、発達の見通しを立てて、サポートしていくことが大切です。

⑤ 日常の営みのなかで、経験的な知恵と工夫をこらす

Vちゃんの発達にそったサポートの見通しを立てながら、日々の生活のなかで、

- 親子で遊ぶ時間を増やす
- 家族で楽しく食事をする時間を味わう
- 近所のお友達を自宅に招いて、遊ぶ機会をつくってみる

というように、保護者の負担にならずに継続できるような、日々の営みの積み重ねへのサポートが大切です。

この事例では、お母さんが安心できたこと、その経過の中でお父さんの協力も得られたこと、合わせて、両親や家庭の雰囲気が和やかになってきたことなどもあり、Vちゃんにはさらに安心感が育まれたことでしょう。

母子支援を受ける際に活用できる連携機関

この事例では、担任の先生から大学相談機関を紹介されて、支援を受けることができましたが、地域によっては、そのような大学相談機関がない場合もあります。また、呼び方が違う場合がありますが、次のような機関や人（職種）とのつながりをもつことができます。

- **発達検診機関**（保健所・保健センター・小児科医院）
  医師・保健師・発達相談員（臨床心理士・保育士）
- **児童相談機関**（教育相談所、児童相談所、家庭児童支援センター）
  教育相談員、臨床心理士、児童福祉士
- **子育て支援センター**
- **児童館、学童保育所、児童養護施設、女性相談センター**

3 教育連携による支援

事例23

▼複数の教育機関と連携した支援例【ＡＤＨＤの疑い、発達・知的の遅れ・小学一年生男子】

［家族構成］父（三七歳・会社員）、母（三六歳・専業主婦）、兄（小学校三年生）

お母さんは、お兄さんより言葉の出る時期が遅くて、言葉の数も少ないＷ君のことが気になっていました。はじめての集団活動である幼稚園の時、先生から「何か気になるところがある」と指摘され、五歳の時に医療機関を受診しました。そこで医師から、ＡＤＨＤの疑いと、発達の遅れ、知的の遅れがあると診断され、医療機関への通院も続け、気分を安定させる薬を飲んでいます。

その後、小学校入学までは、知的障害児通園施設に通って、プレイセラピーを受けていました。小学校にあがっても、プレイセラピーを継続したほうがいいのでは、という知的障害児通園施設からの依頼で、大学の相談施設に来談することになりました。医療機関では、児童精神科医による診察を受け、医学的な治療や薬の調整をしますが、相談施設では、子どもへのプレイセラピーを併行しておこなっているからです。

W君は、プレイセラピーの時には、かっとなって家族やセラピストに手を出すことがありましたが、小学校の支援クラスにいる時には、友達に手を出すことはありませんでした。プレイルームの中で、思いっきり身体を動かして元気に遊ぶときもあれば、ブロック遊びなどに集中して取り組むときもありました。もし、怪我をしそうな激しい遊びをするときには、言葉で注意をするだけでなく、文字や絵に描いて注意をすると理解しやすいようです。小学校や家でW君に注意するときも、この特徴を生かして、言葉での注意と、文字や絵を使った視覚的な注意をすることで、W君が理解しやすいように工夫しています。

子どもの気持ちに添って、対応や支援の方法を考える

さきほどのVちゃんと同じように、W君の行動から、彼の気持ちを考えてみましょう。

- 「いやなことをされたり、言われたりすると、どうしたらいいのか考える前に、手や足が勝手に出てしまうんだ。あとで『しまった』と思うんだけど、その時はどうすることもできないんだ」
- 「学校でもかっとなるけど『お友だちはダメ』とずっと教えてもらっている。これだけは守れるよ」
- 「うっかりしていると、考える前に手が出ちゃうけど、絵や字が見えると『あっ、そうだ』と気がつくんだ」

という気持ちが考えられ、W君なりにずいぶんと頑張っている様子や、今までの支援を通して成長している様子がうかがわれます。このことから、今のような支援の連携を進めていくことが必要で、今後のW君の成長にとって大切なことです。

教育連携による支援のポイント

早い気づきと、子どもの特徴に合わせた個別の対応

この事例での支援のポイントは、W君の発達を育てる教育・療育・医療関係機関の連携です。三歳児健診で「心配ない」と言われても、「うちの子はどこか違うな」とお母さんが感じていたからこそ、幼稚園の担任のアドバイスで、W君は医療機関を受診したのでしょう。その受診がきっかけで、W君の発達の特徴にあわせた治療や、発達を支援する心理療法が始まりました。

「気になる子ども」をもつ保護者の多くは、幼児期で「なにか変だな」と感じています。そこで医療機関につなげるかどうかだけではなく、保護者や保育者が、子どもの行動特徴や性格特性、障害の存在に気づき、**「育てにくさ」についての理解をすること**が大切です。保護者がいち早く育てにくい子どもの特徴に気づくことが、より適切な支援につながります。

W君の場合、医師からの診断をご両親が冷静に受け止めて、Wくんの特性に応じた「子どもの

育つ環境の調整」を考えることができました。幼稚園・医療機関・知的障害児通園施設・小学校支援クラス・大学相談施設の五つの教育関係機関による情報と支援のスムーズな連携が、Wくんの成長につながっているのです。

教育連携にかかわる機関

地域によって支援体制の違いはありますが、次のような支援・教育連携がすすめられています。「気になる子ども」をもつ保護者や保育者は、どの場所からでも、「相談につながる」ところから連携は広がります。その時期が早ければ早いほど、子どもはぐんぐん伸びていきます。ひとりの子どもに、多くの手が同じまなざしで関わり、そして保護者も保育者・教育者も、**子どもと一緒に成長していくという視点**が、連携の大切なありかたです。

・発達検診機関（保健所・保健センター・小児科医院）

発達検診だけでなく、保健所や保険センターでは、乳児期からの、母親の「育児不安」相談や、保健師による家庭訪問巡回指導サービスを実施しています。そこから「育ちが気になる子ども」をもつ保護者への、『親子広場』などへの参加案内をしています。

・保育園・幼稚園と医療・療育施設、心理相談機関

障害児通園施設だけではなく、子どもの特性に応じた療育施設や、医療施設との通院と、保育園・幼稚園で通常保育を併用した利用ができます。自治体や私立園などの取り組みとして、精神科医や臨床心理士による発達支援相談を行っているところもあります。

・保育園・幼稚園と小学校

小学校では、学校・学級の選択のためだけの就学時健診ではなく、学習能力の向上とあわせて「生活力・生きる力を育む」視点から、園と小学校との連絡会を実施しています。幼稚園と小学校のスムーズな連携を通した就学支援だけではなく、行事参加等の教育連携も行っています。

・小学校と教育関係機関

児童相談機関（教育相談所、児童相談所、家庭児童支援センター）やスクールカウンセラー、医療機関、療育機関との連携をしています。

・その他

大学相談機関、個人の発達相談所

障害のある子どもを持つ親の会、支援組織（ＮＰＯ）など

4 周囲の人との連携による支援

事例24

▼親の会と連携した支援例【ADHD・チック・小学四年生男子】

［家族構成］父（四四歳・自営業）、母（四六歳・パート）、姉（中学一年生）

X君は、学校でも家でも、注意される毎日を送っています。学校では、集中力が続かないこと、よく忘れ物をすることなどを、担任の先生に注意されています。そんなX君を心配したお母さんが、教育センターに相談し、そこからの紹介で、相談施設に毎週一回のプレイセラピーと、母親面接に通うことになりました。

お母さんは母親面接で、X君がルールを守れない上に、興味のあることに集中すると、我を通してしまうので、友達付き合いもうまくいかないこと、目をぱちぱちさせるチック症状があることなどを述べました。そのうえ、大好きな電車や車の話題を人前でも大声で話したり、見知らぬ人に話しかけたりするので、家族が恥ずかしい思いをすること、お母さんがX君につきっきりで宿題をさせてもなかなかはかどらないので、いらいらしてがみがみ言ってしまうこと、などを訴えました。

ある日、参観日のあとの親の懇談会で、X君のことを、他の保護者の前で打ち明けました。するとと、同じように子育てに悩む親御さんがいて、子育てに悩んでいる親同士の「親の会」というのがあることを教えてもらい、イベントに一緒に参加してみないかと誘われ、行ってみたそうです。

そこで、同じ悩みをもつ親御さんとのつながりが広がっていきました。

二年が経過した頃、小学校で友達と楽しそうに会話ができるようになりました。そして、放課後に、はじめて友達から家で一緒に遊ぼうと誘われたとき、本人もお母さんもとても喜びました。

子どもの気持ちに添って、対応や支援の方法を考える

まずは、X君の行動を見ながら、彼の気持ちを考えてみましょう。

- 「時間割を見ながら準備しているけど、なぜか、いつも入っていないものがあるんだ」
- 「片付けているのに、なぜか、目の前にいろんなものがあって、ぐちゃぐちゃでわからなくなってしまうんだ」
- 「先生の話を聞いているのに、頭の中にいろんなことが次々に浮かんできて、つい、そのことを

考えてしまうんだ」

・「思い通りにならないと不安になって、自分の気持ちにブレーキがかからないんだ」

・「思ったことを言ったら、叱られてしまうのはどうしてだろう」

というような気持ちが考えられます。つまり、X君はどうしたらよいかわからず、さびしくて不安な気持ちなのではないでしょうか。不安と緊張感からか、チックの身体症状も出てきているようです。このような場合、X君だけでなく、**この状況に不安を感じるお母さんも、安心感をもてるように、X君の特性への理解と、それに応じた環境調整をはじめとした対応**が必要です。

X君の行動特性への対応としては、次のようなことがあげられます。

・気が散らない、落ち着ける環境を整えること

・活動の「はじまり」「おわり」を、言葉や視覚的イメージではっきりさせること

・思い出し、気づかせる言葉がけをすること

・X君がまわりから認めてもらう機会を作ること

・自分の「いやな気持ち」を、相手の気持ちに置き換えられるような関わり方をすること

お母さんは、母親面接のなかで、これまでの自分の気持ちとX君のことを訴えたことで、X君に対して、「どうして何回注意してもわからないのかしら！」とイライラしていた気持ちから、「X君もたいへんな思いをしていたのだな」という気持ちに変わってきたのではないでしょうか。

また、X君もプレイセラピーを通じて、「失敗しても叱られなくて安心」、「このままの僕でも大丈夫」、「僕だって、やればできるかも……」という気持ちが育ってきました。

親ネットワークや、周囲の人との連携のポイント

集中力が続かず、忘れ物ばかり。集団ではルールを守れず、自分の興味のあることにはこだわって我を通すので、お友達関係ではトラブルばかり。日常の対人関係もうまくいかないX君に、お母さんは参観日でも肩身が狭い思いだったはずですが、やむにやまれず、保護者会で心情を伝えたことから、「親の会」につながりました。

そして、二年間のサポート連携により、成長したX君の様子から、ここでは、親ネットワークのもつ意味と、周囲の人との共通理解のあり方について考えてみましょう。

① 親ネットワークのもつ意味

(1) 自分の問題解決の糸口になる

子どもとの関わり方がわからない、子どもがかわいいと思えない、などの保護者自身の問題について、同じような問題をかかえて取り組んでいるほかの保護者の姿は、自分の問題解決への糸口になります。

⑵悩みの共有は安心感につながる

経済的な問題や家庭内の問題など、生活面を含めた保護者がおかれている状況について、直接的な解決にいたらなくても、ただ話を聞いてもらえるだけでも、同じような状況を抱える親グループの励まし、支え合いは、保護者の方々の孤立感を助けて、大きな安心感につながります。

②周囲の人との共通理解のために

⑴障害のとらえ方の価値観の違いを理解する

「安易に判断するのはよくない」「早期診断は早い支援につながる」「発達障害ではなく、愛情不足だ」など、さまざまな立場や考え方があります。

しかし、大切な視点は障害への対応ではなく、「どのような診断であっても、目の前にいる子どもに対して、どのようにサポートすることが大切か」ということです。その視点に立って、子どもを取り巻く関係者が、目の前にいる子どもと関わり、うまくいったこと、うまくいかなかったことを、関係者と情報を共有し、よりよい対応策を見つけていくことが大切です。

⑵連絡会や連絡メモなどで、情報交換をする

「気になる子ども」は、環境の変化や対人関係の変化に敏感です。子どもが生活する、どの場面においても、周囲の人たちの共通した対応が望まれます。そのために、それぞれが「配慮すべ

き点」「支援や対応の失敗例や成功例」「具体的なエピソード」などをメモして、情報交換をしながら、子どもの発達の特徴に応じた適切な対応方法を、検討・修正して、子どもが関わる、どの生活場面においても、同じような対応や支援がなされることで、大きく発達を促進することにつながります。

5 発達障害の判断や対応の難しさと支援

どの保護者の方も、「子どもへの正しい対応によって、育ちが支援できる」ことを願って、医療機関を訪れます。子どもに診断がつくことで、子どもや親が必要以上に追い詰められずに「今までの困った行動は、この子の責任や親の育て方が悪かったわけではないんだ」と、将来に向けて、きちんと向き合うことにつながります。

しかし、以下のような理由から、診断をつけることや、安易に診断名を保護者に告げることが本当に必要なのか、と疑問に思うことも数多くあります。

① 現代医学の進歩にともなって、発達障害も細分化・専門分野化している。

② 家庭や社会の急激な変化によって、本来は地域社会が取り組むべきことも、すべて医学的診断

で、**説明や対応しようとする方向になっている。**

たとえば、「虐待」は、本来は「親子関係のありかたの問題」として、子どもとよい関係をつくる向き合い方を学んでいくことが大切です。しかし、先に「この子は○○だ」などの医療的な診断名を告げられて、逆にせっかくの親子関係が悪くなってしまうこともあります。

③ 診断名がつくことで、適切な支援や対応ができる一方で、診断名がつくことで「障害のある子」というレッテルが貼られ、「生きにくさ」につながることもある。

例として、ＡＤＨＤの主症状となる多動性や、注意散漫、衝動性は周囲から非難をあびやすい行動です。また、広汎性発達障害は、社会性やコミュニケーションの障害をともなうことから、親子の親密な関係が築きにくく、周囲の子どもたちとのトラブルから、保護者が苦しめられることが多くあります。そのような子どもをもち、日常的にストレスが積み重なる保護者は、わが子を「発達障害の育てにくい子」としてつい激しく叱ったり、無視したり、虐待などの不適切な関わりにつながってしまうことも予想されます。

また、**保護者や本人への『伝え方』や『伝わりかた』への配慮も必要**です。

診断名がつかなくても、適切な対応や支援で支え、育まれている子どもたちもたくさんいます。大切なことは、「特別な子どもへの支援」という視点ではなく、**「あたりまえの個別の支援」**という視点から、保護者や保育士・教員・臨床心理士が、目の前にいる子どもと向き合っていくことです。

6「子どものこころ」を理解した支援を

このように、環境調整や対応について、家庭での保護者の関わり方、小学校での教職員の関わり方、相談機関の担当者の関わり方をはじめとして、周囲の人たちの共通の理解と、支援連携が大切です。家庭と学校と相談機関のそれぞれで、子どもに対する理解や対応が違うと、子どもも親も混乱するばかりです。**子どもへの適確な理解と、それに応じた共通した対応の連携こそが、子どもの大きな成長につながります。**

さらに、子どもを見ている保護者や保育者・教育者が「なんとなく気になる」と感じた、**早い時期から、子どもを取り巻くネットワークを活用したサポート連携をすすめることこそ、ぐんぐんと子どもを伸ばす成長につながります。**

子どもの相互理解や判断は難しく、すぐに手が出てしまう子どもに対して、ある人は「気を引こうとしている」と理解し、ある人は「何度注意しても聞き分けないダメな子」と理解し、ある人は「言葉で気持ちを伝えにくい子」と理解します。また、ある人は「障害があるのかもしれない」と考えます。

そこで大切なことは、医学的知見を視野に入れながらも、子どもの「困った言動」だけではなく、「よい言動」も含めて、周囲の人々が「子どものこころ」を理解する努力をすることこそが、子どものために必要なことでしょう。

第8章 発達障害とこれからの社会

発達障害と非行少年

法務省が管轄する少年鑑別所では、非行少年の的確な鑑別判定に努めています。少年院では発達的な課題をもった非行少年たちのために、さまざまな工夫をした矯正教育が行われています。この章では、そうしたことも含めて、少年非行と発達障害について述べるとともに、それをふまえて、これからの社会のあり方を考えます。

1 発達障害と犯罪・非行

二〇〇〇年五月、愛知県豊川市で高校三年生の男子（当時一七歳）が「人は物理的にどれくらいで死ぬのか、人を殺せばどんな気持ちになるのか、それを知りたかった」という不可解な動機から、主婦を殺害するという事件を起こしました。少年は逮捕され、その後の調べで発達障害と診断されたことが、大きく報道されました。その後、東京でレッサーパンダ帽をかぶった男性（当時二九歳）による短大生殺人事件（二〇〇一年）、長崎市で中学生による幼稚園児誘拐殺人事件（二〇〇三年）、佐世保市で、小学生による同級生殺害事件（二〇〇四年）、寝屋川市で、無職少年による母校教師殺傷事件（二〇〇五年）、奈良県田原本町で、高校生による母子放火殺人事件（二〇〇六年）などが続き、いずれも犯人が発達障害であった（らしい）ことが報道されました。

こうしたことがきっかけで、発達障害と犯罪・非行の関連が注目されるようになりました。その結果、「発達障害児（者）は非行や犯罪にはしるのでは」という短絡的な考え方をもった人もいるかもしれません。子どもの将来に不安を感じる方もいるかもしれません。

非行少年の中に、発達障害的な行動特性をもつ子がいることは、否定できません。しかし、**「発達障害児はイコール非行少年」ではありませんし、「非行少年はイコール発達障害児」でもありません。**そのことを、ここでお話しします。

2 医学的観点から発達障害を考える

脳の働きからみた発達障害

現在、発達障害ということば（診断名）は、広く使われるようになりました。しかし、その定義や診断基準は、研究者や専門家たちの間で意見が一致していません。そうした現実を「吟味も不十分なまま、発達障害という言葉（記号）が独り歩きをして、社会に流布されている」と批判的にみている研究者もいます(1)。

「発達障害」ということばが広まる前は、児童精神医学で、「微細脳機能障害（ミニマル・ブレーン・ディスファンクション、ＭＢＤ）」という専門用語がよく用いられていました。これは、「生まれつきの微細な障害や、出生時や乳幼児期に受けた、脳の微細な損傷による中枢神経（脳）機能の偏りが、言葉や算数などの学習面の障害や、多動や注意散漫や不器用などの、行動面の障害を引き起こすこと」を表しています。また、ＭＢＤの二次障害として、学業不振、不登校、非行などの問題が生じることもあるとされています[2]。

このように、医学的観点からみた発達障害とは、脳の微細な障害、または、機能不全による発達の「偏り」や「歪み」であると考えられています。その意味で、発達障害とＭＢＤはほぼ同じものといえます。

しかし、実際には、ＭＲＩやＥＥＧ（脳波）などの検査機器で調べても、脳そのものの障害や機能の不全を証明できることは少なく、微細な異常（障害）なので見つからないのだろうと考えられています。そこで、臨床の現場では、これまでにかかった病気や問題行動についての問診、行動観察（不器用さ、ぎこちなさ、ちぐはぐな動作、こだわり行動など、脳神経の微妙な偏りや発達のおくれを示唆する特徴の有無を調べる）、心理（発達）検査の結果をこまかにチェックするなどして、総合的に診断しているのが実情です。

発達障害は「脳の障害」？

そもそも、発達障害は「脳の障害」なのでしょうか？

学習能力や運動能力には個人差があります。かけっこをすれば、まずトップの子がいて、ほとんどの子はダンゴ状態で次々とゴールインし、最後にビリになる子がいます。勉強でも、可もなく不可もない子がほとんどですが、成績抜群の子もいますし、あまり振るわない子もいます。また、めだって背の高い子もいれば、低い子もいます。そのように、精神的・身体的な能力や心身の成長は、ほとんどの子が平均的な（定型的な）形で発育しますが、平均や定型からはずれた子もいます。

ここで、「平均的であることが正常である」という基準をたてると、ほとんどの子は「正常」の範囲内ですが、ビリの子は「異常」となります（トップの子も、この意味では「異常」といえますが）。しかし、かけっこでビリになったのは、足が短いからかもしれませんし、脚の筋力が弱いからかもしれません。だからといって、足の短いことや筋力の弱いことが原因となる「病理」で、かけっこでビリになったのは、その結果としての「障害」である、とは考えないでしょう。

精神科医の滝川一廣氏は、発達障害の診断基準には、脳そのものの器質的な異常（腫瘍、神経系や血管系の異常）に関するものがまったく含まれていないことを指摘し、この診断基準を、子どもたちに安易にあてはめることの危険性を強調しています。[3] また、足が短いことや筋力が弱いことが障害ではないなら、発達障害も障害ではないとさえ述べています。この説をふまえれば、「身体（運動）能力や精神（学習）能力の発達には、病理性も障害性もともなわない、自然な個体差（ばらつき）や個性がある」といえますし、これを「正常偏倚《へんい》」（病気や障害とはいえないが、平均や定型と比べると偏っている）とよんでよいと思われます。

発達障害か、正常偏倚か？

医学的な観点から考えると、「脳に障害や異常がなければ、すべての子が、定型的で平均的な発達をするはずだ」と思いがちです。しかし、実際には、病理性や障害性がなくても、正常偏倚としての「遅れ」や「偏り」を示す子どもたちが、少数ながらいるはずです。そのように考えれば、発達障害と診断されている子の中にも、正常偏倚の子が含まれているかもしれません。もしそうならば、それを精神の「障害」や「疾患」ととらえるべきか、今一度吟味することが必要です。

近年、脳科学は大きく進歩しています。近いうちに、発達障害の原因として、脳の異常が証明されるかもしれません。しかし、「足が短いことや筋力が弱いことが原因で、かけっこが遅いのはその結果である」という因果論的説明は、納得できるでしょうか？　それは因果関係というよりも、コインの両面です。一面は足が短いことや筋力が弱いという器質的な側面、もう一面はかけっこが遅いという機能的な側面です。つまり、足の短いことや筋力の弱いことが、自然な個体差や個性であるならば、速く走れないことは障害ではないのです。

もし、脳の異常と発達障害の関連が証明されても、それを病理的な意味での因果関係といってよいか、おおいに疑問です。こうした観点から、発達障害を脳の「障害」あるいは精神の「疾患」と考えるべきかどうか、さらに吟味する必要があるでしょう。

3 脳の障害と犯罪・非行

では、非行少年や犯罪者の場合はどうでしょうか。

たしかに、脳そのものに異常があると証明される事例もあります。たとえば、母親を殺害した二四歳の男性を精神鑑定したところ、MRIであきらかな脳の異常（脳腫瘍）が認められたという報告があります[4]。この男性は、アスペルガー障害と鑑定されました。しかし、犯行の要因としては、「劣悪な家庭環境の中で、心理的なストレスを増大させたこと」が強調され、環境的・状況的な要因の影響が大きいと考えられ、「脳の障害が直接的な原因である」という単純化した議論はされていません。

また、犯罪・非行の臨床現場で、発達障害とされた犯罪者や非行少年でも、脳に明らかな異常が見つかることはまれで、そうでない人がほとんどです。

少年鑑別所での鑑別結果からみる発達障害

少年鑑別所は、家庭裁判所から送致された二〇歳未満の非行少年を収容し、その心身をくわしく調査（鑑別）するための専門施設で、法務所が所轄しています。家庭裁判所は、鑑別の結果をふまえて、少年院送致や保護観察など、非行少年に対する処分を決定します。

発達障害

少年鑑別所に収容された非行少年（一四～一九歳）一一七名を鑑別したところ、一〇名が発達障害（いずれもＡＤＨＤ［注意欠陥多動性障害］）と判定された報告があります(5)。とくに、一四～一五歳の年齢層に集中しており、三〇名のうちの一〇名（約三三％）という、かなりの高率でした。その一〇名のうちの七名は、言語性のＬＤ（学習障害）も併発していると判定されました（発達障害と判定される非行少年にはＬＤを合併している者も少なくありません）。しかし、知能が劣っているわけではなく（知能指数の平均は九五）、学校をなまけたり、学校嫌いの影響が大きいようです。
また、この報告では、一六歳以上でＡＤＨＤと判定された事例はなく、非行少年も加齢と成熟（自然な発達）にしたがって、多動や注意散漫などの問題行動がなくなっていくようです。

家庭環境

養育環境に目を向けると、一〇名の中で、実父母がそろっていたのはわずか一名でした。残りは母子家庭七名、親からの放任・遺棄（ネグレクト）により、養護施設で育ったのが二名でした。家庭や養育環境になんらかの問題のある子どもが圧倒的に多く、そうした養育環境上の要因が、非行に深く関連していると考えられます。また、中学校に入学する頃（一〇〜一三歳頃）から、不登校やさぼりが目立ち、万引きや無免許運転、乗り物を盗むといった形で非行が始まることがわかりました。

少年院での実態調査からみる発達障害

少年院は、家庭裁判所の決定にもとづいて、非行少年を収容し、矯正教育を行う専門施設で、法務省が所管しています。収容する少年の年齢や、非行の程度、病気（障害）の有無などに応じて、初等、中等、特別および医療の四種類の少年院があります。
矯正協会附属中央研究所が、二〇一〇年七〜九月の間に、全国の少年院に新たに収容された非行少年一〇〇二名の全数調査を行いました（全国五二庁の少年院で一斉に実施された調査ですので、かなり信頼できるものです）[6]。

その調査の結果が表6です。なんらかの精神障害があると判定された少年は、九二名（約九・二％）でした。そのうち、発達障害とそれに近接する障害と判定された者（行為障害を除く）の人数は六七名（約六・七％）、知的障害と広汎性発達障害（アスペルガー障害を含む）をもつ者がそれぞれ三％弱、次がADHDですが、ADHDは年齢が上がるにつれて少なくなっています。この結果から、少年院に収容されるような非行少年で発達障害とされるのは、七％程度であることがわかります。

医療少年院での調査からみる発達障害

つぎに、京都医療少年院に収容されている、非行少年の調査を紹介しましょう[7]。京都医療少年院は、心身に病気や障害があり、専門的な医療処遇を必要とする非行少年たちを、西日本各地から集めて収容する少年院です。二〇一〇年五月現在、四三名の少年が収容されています。調査の

表６　全国の少年院被収容者のうち発達障害等と判定された者の人数

診断名	年少（14・15 歳）	年中（16・17 歳）	年長（18・19 歳）	合計
知的障害	5	10	14	29（2.9%）
広汎性発達障害	7	9	9	25（2.5%）
ADHD	8	3	1	12（1.2%）
LD（学習障害）	0	0	1	1（0.1%）
行為障害	6	1	1	8（0.8%）

（注 1）全国の少年院に、2010 年７～９月の間に、新たに収容された少年全 1002 名のうち、「精神障害あり」とされた少年は 92 名。そのうち、発達障害かそれに近い診断をされた少年の数を診断名ごとに掲げた。

（注 2）％は、全数（N＝1002）に対する比率。

表７　京都医療少年院における精神疾患（障害）者の人数

精神疾患名	男子	女子	合計
薬物中毒（依存）後遺症	7	1	8（18.6%）
覚せい剤中毒後遺症	1	0	1（2.3%）
解離性障害	4	0	4（9.3%）
失調感情障害	1	0	1（2.3%）
アスペルガー障害	2	0	2（4.7%）
広汎性発達障害（PDD）	2	0	2（4.7%）
特定不能の PDD（「疑い」を含む）	0	2	2（4.7%）
統合失調症	2	0	2（4.7%）
統合失調症様障害	1	0	1（2.3%）
うつ病	1	0	1（2.3%）
その他	4	2	6（14.0%）
合計	25	5	30（69.8%）

（注 1）京都医療少年院に、2010 年５月現在で収容されている少年全 43 名を調べたところ、精神疾患（障害）のある者は 30 名。その内訳を疾患別に掲げた。

（注 2）％は、全数（N＝43）に対する比率。

結果が表7です。三〇名（約七〇％）に精神疾患（障害）があり、アスペルガー障害二名、広汎性発達障害二名、特定不能の広汎性発達障害（「疑い」を含む）二名となっています。発達障害のカテゴリーに入る診断をされたのは、合計で六名（約一四％）です。

非行少年は発達障害か？

ここまでをまとめてみましょう。

- 少年鑑別所に収容された年少少年（一四・一五歳）については、ADHDの診断基準にあてはまる者が三割程度いる。しかし、年齢が進み、心身が自然に発育すると、多動や注意散漫などの行動は、ほぼおさまってくる。
- 少年院に収容された非行少年の全数調査では、知的障害を含めて、発達障害と判定された者は約七％である。
- 医療少年院の在院者の調査では、さまざまな精神障害をかかえた少年が圧倒的に多い（七割程度）。そのうちアスペルガー障害を含む、広汎性発達障害と診断されている少年は、一四％程度である。

これらのデータから「非行少年には発達障害が多い」といえるかどうか、議論の分かれるところでしょう。

経験的にいえば、健常な少年たちに比べると、非行少年たちは、発達障害的な特徴をもつ者も多いのですが、育った家庭や養育環境にさまざまな問題をかかえており、慢性的に不適応状態におちいっている者もきわめて多いのです。脳の問題というより、劣悪な養育環境の影響や、状況的な要因が非行を引き起こしていると考えられるケースが、圧倒的に多いのが実情です。

非行少年の中に、発達障害的な特性をもつ者が多くても、発達障害自体はけっして非行の直接的な「原因」ではありません。発達障害的な特性をもつ子どもは、社会的な不適応状態におちいりやすいのです。そこに、養育上のハンディキャップや状況的な要因（親の放任や体罰、学校ばなれ、家出、不良交友など）が加わって、孤立感や疎外感を強め、非行へ向かっていくと考えられます。

4 少年院の矯正教育と指導例

発達障害の治療は、さまざまな心理療法や社会性の訓練など、いわゆる療育的な支援が中心です。環境調整や親業訓練（ペアレント・トレーニング）も重視されます。さまざまな技法が試みられており、「○○療法」といったものを数えあげると、まさに枚挙にいとまがない状況です。(8)

同様に、少年院でも発達障害的な特性をもつ非行少年に対して、さまざまな処遇（矯正教育）が行われています。それらは、次のように区分されています。

（1）生活指導（基本的生活習慣の形成、カウンセリング、被害者の視点からの教育、作文や日記、ロールレタリング、ＳＳＴ〔ソーシャル・スキル・トレーニング〕、社会復帰後の生活設計など）
（2）職業補導・職業訓練（専門的な資格や免許、パソコン検定、介護サービスなど）
（3）教科教育（義務教育の補習、中学校修了証、高卒認定試験など）
（4）保健・体育（体力とボディ・イメージの向上、健康管理能力の向上など）
（5）特別活動（クラブ活動、レクリエーション、各種の行事など）
（6）保護者に対する措置と帰住調整（保護者講習会、帰住環境の調整など）
（7）外部民間人の協力（篤志面接委員、ＢＢＳ会〔Big Brothers & Sisters：少年を支援する大学生などのボランティア〕、更生保護女性会など）

詳しい説明は省きますが、まず、少年ごとに個別的な目標が設定され、それぞれに応じた処遇（教育）プログラムが作られます。入院から出院まで、一人ひとりの少年に応じた処遇方法で、やさしい課題から難しい課題へと、手をかえ品をかえながら教育されます。一日二四時間、ほとんどマン・ツー・マンに近い指導です。勉強だけでなく、朝起きてから夜寝るまでの、あらゆる生活場面を通したトータルな人間教育といってよいでしょう。しっかりした規則と枠組みがあらゆる生活場面で適用されます。しかも、成績の評価や進級の判定が明確です。こうした点が、少年院における教育の特徴です。

発達障害児教育にたずさわる外部の専門家も、少年院の教育は、発達障害的な特性をもつ少年たちに有効であると評価しています。(9) 発達障害的な非行少年に対する矯正教育の方法は、学校での非行指導にも有効であると提言されています。(10)

ちなみに、毎年の犯罪白書に示されたデータによると、少年院で矯正教育を受けた者の再犯率（出院後に再犯して少年院に再度収容された者と、刑務所で服役した者を合わせた再犯率）は三割程度で、更生率は七割程度と考えられています。

少年院における発達障害的な特性をもつ少年に対する矯正教育を、イメージで示したものが図１です。必要があれば、医師による薬物療法も行われますが、教官による教育や指導が中心です。いくつかの具体的な事例と、そこでの工夫を紹介します。(11) これは、少年院での指導例ですが、ご家庭や学校にも活かせるところがあると思います。

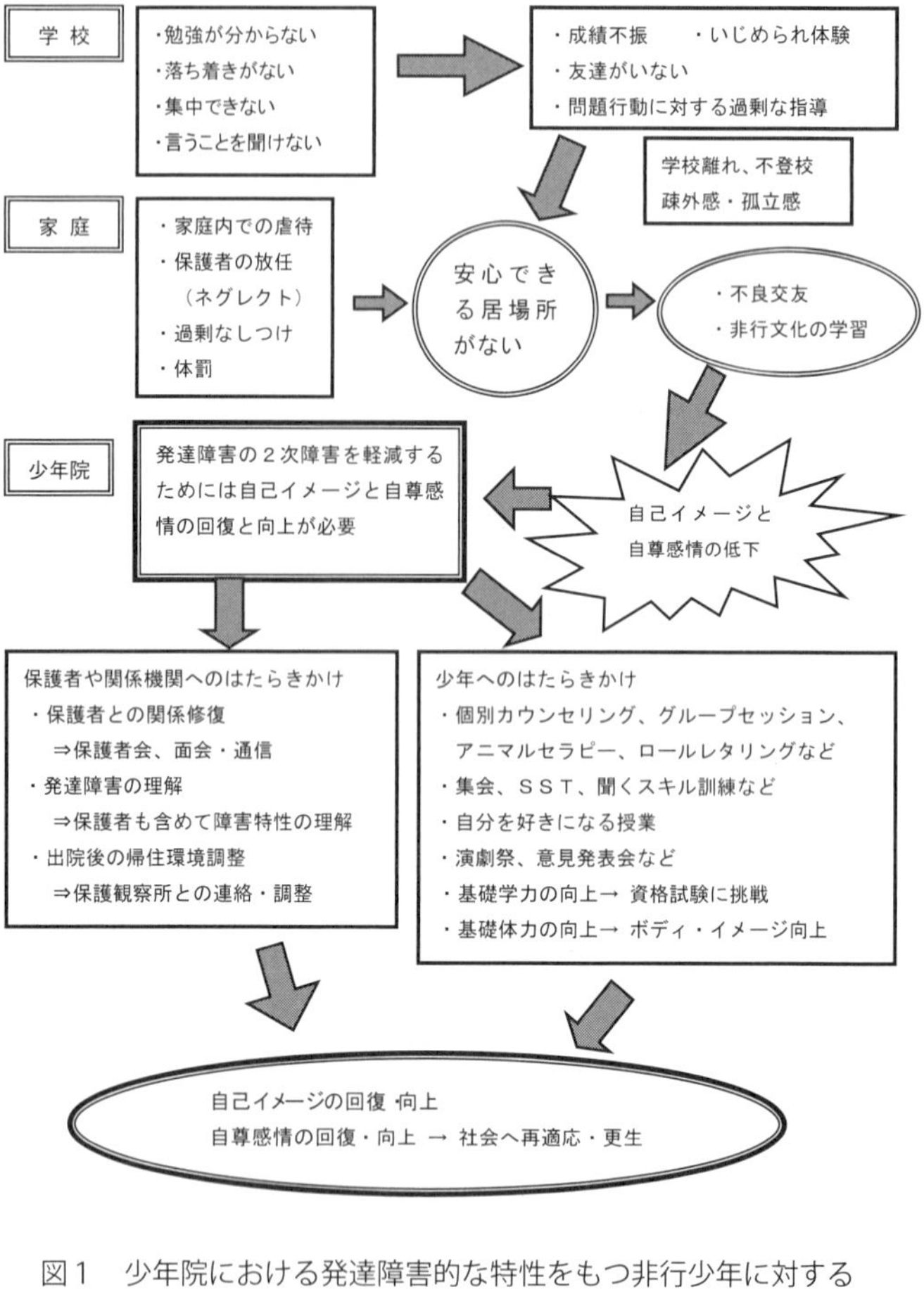
学 校
・勉強が分からない
・落ち着きがない
・集中できない
・言うことを聞けない
・成績不振　・いじめられ体験
・友達がいない
・問題行動に対する過剰な指導
学校離れ、不登校
疎外感・孤立感
家 庭
・家庭内での虐待
・保護者の放任
（ネグレクト）
・過剰なしつけ
・体罰
安心できる居場所がない
・不良交友
・非行文化の学習
少年院
発達障害の２次障害を軽減するためには自己イメージと自尊感情の回復と向上が必要
自己イメージと
自尊感情の低下
保護者や関係機関へのはたらきかけ
・保護者との関係修復
⇒保護者会、面会・通信
・発達障害の理解
⇒保護者も含めて障害特性の理解
・出院後の帰住環境調整
⇒保護観察所との連絡・調整
少年へのはたらきかけ
・個別カウンセリング、グループセッション、アニマルセラピー、ロールレタリングなど
・集会、ＳＳＴ、聞くスキル訓練など
・自分を好きになる授業
・演劇祭、意見発表会など
・基礎学力の向上→ 資格試験に挑戦
・基礎体力の向上→ ボディ・イメージ向上
自己イメージの回復・向上
自尊感情の回復・向上 → 社会へ再適応・更生

図１　少年院における発達障害的な特性をもつ非行少年に対する矯正教育のイメージ図

聞くスキル・トレーニングによる指導

聞くスキル・トレーニングは、人の話をしっかりと聞くことを訓練するものです。コミュニケーションでは、話すことだけではなく、相手の話をじっくりと聞くことこそが大切です。しかし、非行少年達は、一方的な自己主張はできても、相手の言い分にじっくりと耳を傾けることが苦手です。そこで、少年院においては、仲間との交流場面を利用して、お互いの言い分をしっかりと聞きとる態度を身につけさせます。こうした仲間集団内の相互作用を利用した教育法は、少年院でさまざまに工夫されています。

事例25

▼人の話を聞かず、一方的にしゃべる【アスペルガー障害・一七歳男子】

少年院では、自由時間に少年同士で自由に会話できるのですが、Y君は他の人が会話している最中に、急に脈絡のない話をしたり、会話に強引に割り込んだりするので、他少年からだんだん相手にされなくなってしまいました。

そこで、他の少年たちには、Y君の個性を説明して、彼も会話に加われるように配慮してほしいと依頼しました。Y君には、「会話は話すことも大事だが、人の話を聞くことも大切である」

ことを伝え、「聞くスキル・トレーニング」を個別に実施しました。

Y君は一時期、日記に「自分だけがのけ者にされる」という被害的な記載をよくしていましたが、まわりの少年の配慮や協力もあり、少しずつ他の人の話も聞けるようになりました。それとともに、被害的な記載は減りました。

相互点検表を使った指導

相互点検表とは、よく注意される事柄について、三つ程度の課題を設定し、少年と教官が相互に達成度を評価するものです。特定の問題行動(二つか三つ)をピックアップし、その行動の有無を、教官(先生)と少年が、毎日お互いにチェックして、それを記録していきます。こうした相互点検を根気よく続けることで、問題行動が減っていきます。

事例26

▼「なぜ自分だけ成績が悪いのか」と不満を訴える【アスペルガー障害の疑い・一八歳男子】

Z君は周囲に配慮しない言動が多いのに、「なぜ僕だけ成績が悪いのかわからない」「なぜ僕だけが、先生に注意されるのかわからない」などと訴えていました。

Ｚ君には、相互点検表を活用し、彼の場合、「キョキョロしない」「騒音をたてない」「言い訳しない」の三つを設定しました。Ｚ君と教官が毎日、課題の達成度を百点満点で採点して、結果を折れ線グラフに表示し、それをもとに指導を続けました。

Ｚ君が目標を達成できていなくても、百点にするのではないか、という危惧もありましたが、実際はそんなこともなく、教官と少年の評価は次第に一致するようになってきました。以前は月一回の成績告知日に、「なぜぼくだけ成績が悪いのか」と不満を訴えていたＺ君も、相互点検表をもとに成績を告知すると、前よりは納得するようになり、少しずつですが、不満を訴えることもなくなり、問題行動も減っていきました。

ロール・プレイによる指導

ロール・プレイとは、さまざまな場面を想定して教官（先生）と少年たちが役割を演じ、その模擬（疑似）体験を通して、現実の場面でも、適切な行動をとれるように訓練するものです。いわば、本番前に何度もリハーサルをして、適切なふるまい方を練習しておくわけです。たとえば、少年院を出てから昔の不良仲間と再会したときに、どのように対処するか、会社の採用面接を受けるとき、どのように応答すればよいか、といったテーマでロール・プレイをします。

事例27

▼周囲を確認しないので、出入り口で人とぶつかってしまう【ADHDの疑い・一六歳男子】

a君は、周囲を確認せずに突進するので、洗面所やトイレに出入りするとき、よく他の人とぶつかってしまいます。

そこで、実際に洗面所で他少年とぶつかったら、その場ですぐ「もう一度、洗面所に入ったときのことを再現すること」を提案しました。ぶつかられた相手の少年にも協力してもらい、再体験させました。再体験することで、a君は「この狭さで二人がぶつからずに、出入りするのは無理なこと」、「少し待つことも必要なこと」を理解し、洗面所などの出入口では、待つことを覚え、他少年とぶつかる回数は激減しました。

事例28

▼「ごめんなさい」がうまく言えない【ADHDの疑い・一六歳男子】

b君は、どんなタイミングで、「ごめんなさい」や「ありがとう」を伝えるのかがわからないため、対人関係がうまくいきません。

b君には「勉強を教えてもらう」などの場面を設定し、教官とロール・プレイを演じ、ことばをかけるタイミングを、繰り返し練習しました。また、実際の生活場面で、うまくことばが出たときは、その場でプラスのフィードバック（褒めること）、失敗したときや、タイミングよくことばが出なかったときは「次はこうしよう」と指導することを繰り返しました。

しだいに、「ごめんなさい」や「ありがとう」といったことばを発するタイミングとルールが身につくようになり、人の話を落ち着いて聞く姿勢も、見られるようになりました。

表情カードによる指導

表情カードとは、トランプのような厚紙に、いろいろな表情（泣き顔、笑い顔、怒り顔など）を描いて、セットにしたものです。人と話すときに、うまく感情を表現できない少年を指導するときに用います。

表情カードは市販のものでも、オリジナルなものを作ってもいいでしょう。

事例29

▼感情をことばで表せない【軽度知的障害をともなうADHD・一五歳男子】

C君は自分の感情を、言葉でうまく相手（他の少年や教官）に伝えることができません。

そこで、彼に数種類の表情カードを渡し、いつでも自分の感情を、カードで伝えられるようにしたところ、カードを提示しながら、人と話をするようになりました。そのため、感情的になることなく、不平や不満があっても、スムーズに相手と話すことができるようになりました。また、カードを示して教官に話しかけるので、教官の方も少年の心情を理解するのに役立っています。

スモール・ステップで考えることを練習させる指導

スモール・ステップとは、やさしい課題から難しい課題へと、一歩ずつ学習を進めていく指導法です。少年院では、教科指導のほか、内省を深めさせるためにも、スモール・ステップを応用しています。

たとえば、「シンナー乱用はなぜ悪いのか」といった大きな難しいテーマを、いくつかの小さなテーマに小分けして（シンナーを吸いたくなる動機・きっかけ、仲間の影響、身体へのダメージ、心へのダメージ、家族への迷惑、経済的損失、社会からの非難など）、少しずつ考えを深めさせていきます。

事例30

▼何がわからないのか、自分でもよくわからない【特定不能の広汎性発達障害・一八歳女子】

ｄさんは、教官の問いかけに「わからない、わからない」と困惑してしまいます。考えているうちに、何がわからないのか、自分でもよくわからなくなる様子のｄさんに、「何がわからないのか？」という問いを自分自身で三回、掘り下げて考えてみることを助言し、スモール・ステップで根気よく指導しました。

スモール・ステップで考えることを覚えてからは、何がわからないのかを、自分なりに掘り下げて考えるようになりました。それを勉強に応用するようになり、高校卒業程度認定試験の主要教科に合格しました。「はじめて、勉強の仕方や考え方がわかった！」と大喜びでした。まだ日常生活では「わからない」と言うことがあるものの、勉強には自信がついて、学習面でとても進歩しました。

5 みんなちがって、みんないい

金子みすゞさんの詩に、次のような意味のものがあります(12)。

空飛ぶ小鳥は地面を走れないが、私は小鳥のように空を飛べない。鈴は唄を知らないが、私は鈴のようなきれいな音は出せない。鈴も小鳥も私も、みんなちがって、みんないい。

私は、発達障害とされる非行少年のことを考えるとき、「みんなちがって、みんないい」ということばを思い浮かべます。そうした気持ちで、障害者を受け入れることはできないだろうかと思います。お釈迦さまは、オギャーと生まれたとき「天上天下、唯我独尊」と言われたとか。これは、自分だけがえらいぞという意味ではなく、自分はかけがえのない尊い命である、それと同じように、世界中の一人ひとりがかけがえのない尊い命である、という意味だそうです。

命が選別される時代に生きる

悲しいことに、現代は命が選別される時代です。

読売新聞（二〇一一年七月六日付朝刊）の「医療ルネサンス」に「出生前診断――エコー検査に振り回され」と題する記事がありました。三三歳の女性が検査の結果、異常な胎児である可能性を指摘され、主治医から「まだ堕胎できる。家族で話し合ってください」と告げられたそうです。

女性はノイローゼになり、とてもお産できる状態ではなくなりました。お葬式の日取りと棺に入れる家族写真まで準備しました。しかし、念のため再検査し、他の医師が診たところ「手術は待った方がいい」と助言され、さらに別の医院で検査したところ、異常なしと診断されました。そして、無事に出産。元気で健康な赤ちゃんに恵まれたそうです。この女性が主治医から堕胎を勧められたときの心痛は、想像にあまりあります。母体保護法では「胎児の異常」という理由では、人工妊娠中絶は認められません。しかし、実際は「母体の健康を害するおそれがある場合」という中絶の条件が拡大解釈され、胎児の中絶はかなり行われているともいわれます。

命が選別され、差別される時代に、私たちは生きているようです。価値観の多様化、といいますが、現実には、規格はずれの生き方は難しいものです。粒ぞろいのリンゴたちはいいかもしれませんが、規格からはずれた不揃いのリンゴたちは、とても生きづらい時代です。

少年院という窓から社会をながめると、そういう現代の風景が見えてきます。

非行少年を相手にする少年院教育でも、自尊感情や、自己肯定感の回復がポイントです。強がりの態度をとっていても、ひと皮むけば劣等感のかたまりという少年や、慢性的な不適応の状態におちいって、社会で居場所がないという少年も多いのです。とくに発達障害的な特性をもつ少年たちはそうです。少年院ではできるだけの教育をしますが、社会へ出てからがたいへんです。

ハンディキャップのある人や、少年院帰りを、温かく受け入れてくれる社会であってほしいものです。

6 ふつうの変人として生きられる社会をめざして

発達障害をもつニキ・リンコさん（翻訳家として生計を立てているそうです）は、「ふつうの変人」として生きることを宣言しています[13]。「ふつうの変人」というネーミングは、冒頭で述べた「正常偏倚」ということばと同じ意味です。

また、親子でアスペルガー障害であるコアラさんは、「自閉症の人も、自閉症でない人も同じ人類です、仲間はずれにしないでください。『ふつうの隣人』として受け入れてほしい」と訴えています[14]。社会全体がアスペルガーを「障害」と認めていても、それを「個性」として受け入れてもらえないなら、学校や施設でいくら療育を受けても、明るい先の見通しがもてないと、切々と訴えています。こうした当事者の声に、もっと耳を傾けるべきでしょう。

朝日新聞（二〇一〇年一〇月三一日付朝刊）に、発達障害の男の子が、特別支援教育の教材コンクールで入賞したことが報道されました（図2）。この記事の末尾にあるように、「神様から障害ではなく、才能をもらったんだと言える社会」を目指すことこそが、大切ではないでしょうか。

二〇〇五年四月、「発達障害者支援法」という法律が施行されました。ここには、今後の方向性や施策など、必要なことは、ほぼ盛り込まれているといってよいでしょう。ちなみに、この法案を国会に提出する議員連盟の事務局長を勤めた、福島豊衆議院議員（当時）は、発達障害の男の子をもつ父親でもあります。この法律は発達障害児をもつ親たちからも、評価されています[15]。ただし、法律の条文に書いてあることと、行政の現実がかならずしも合致していない面があるといわれています。この法律を生かし、発達障害者が「ふつうの変人」「ふつうの隣人」として生きていける社会を実現することは、私たちみんなの責務であり、願いであるといえるでしょう。

図2 朝日新聞 2010年10月31日付

発達障害に特有のアンバランスを、「歪み」とか「偏り」ということばで説明することがあります。

でも、よく考えると、自分だけは健常である、と思い込んでいる私たちの考え方こそが、偏狭であり、ものの見方にも歪みや、偏りがあるのかもしれません。

理想論と笑われそうですが、「みんなちがってみんないい」というような社会の実現をめざしたいものです。「ふつうの変人」が生きていける社会をめざしたいと思います。そんな世の中が実現すれば、発達障害的な特性をもつ非行少年の社会復帰にとっても、おおいにプラスになるにちがいありません。

（補　記）

この章の執筆にあたり、河合弘靖氏（京都少年鑑別所）と東別府修二氏（京都医療少年院）からご協力とご助言を得ました。記して謝意を表します。

注

（1）滝川一廣「発達障害をどう捉えるか」松本雅彦・高岡健編『発達障害という記号』批評社、二〇〇八年、四四―五六頁。
（2）石川道子「微細脳損傷」氏原寛ほか編『心理臨床大事典改訂版』培風館、二〇〇四年、九四六―九四七頁。
（3）滝川、前掲書。
（4）吉川和男ほか「脳腫瘍によりアスペルガー症候群を発症し母親を殺害した事例」『犯罪学雑誌』七二巻四号、二〇〇六年、一〇五―一一九頁。

（5）齊藤文夫・河合弘靖「注意欠陥・多動性障害と診断された非行少年の特質に関する一考察」『武庫川女子大学発達支援学術研究センター 平成二一年度研究成果報告書』二〇一〇年、九〇―一〇二頁。
（6）佐藤良彦・高石浩司「少年院在院少年の特質に関する研究」『矯正協会附属中央研究所紀要』二〇号、二〇一〇年、二六五―四一六頁。
（7）阪本昌樹・清田勝・溝口慎二・吉岡芳子・梅村武志・鐘ヶ江香菜「心を育てる教育――TRY検査の結果を踏まえた指導を通して」『日本矯正教育学会 第四六回大会発表論文集』二〇一〇年、一七一―一七三頁。
（8）佐々木正美「展望――二一世紀自閉症の治療が収斂してゆく方向」『自閉症と発達障害研究の進歩』五号、星和書店、二〇〇一年、三―二五頁。
（9）竹田契一「宇治少年院から学ぶLD・ADHD教育」『刑政』五月号、二〇〇三年、三二―四九頁。
（10）小栗正幸「発達障害と少年非行――学校でできる非行対応の要点」長澤正樹編著『特別支援教育』現代のエスプリ 五二九号、ぎょうせい、二〇一一年、一三八―一四八頁。
（11）齊藤文夫・東別府修二「発達障害のある非行少年に対する矯正教育のあり方について」『武庫川女子大学発達支援学術研究センター 平成二三年度研究成果報告書』二〇一二年、一六九―一七八頁。
（12）矢崎節夫ほか『ことばの花束――金子みすゞのこころ』佼成出版、二〇〇二年。
（13）ニキ・リンコ「普通の変人を目指そう」『実践障害児教育』八月号、学習研究社、二〇〇二年、二四―二九頁。
（14）コアラさん「親子でアスペルガー症候群だから言いたいこと」『実践障害児教育』一月号、学習研究社、二〇〇二年、四三―四六頁。
（15）武部隆『自閉症の子を持って』新潮新書一一八、新潮社、二〇〇五年。

あとがき

このハンドブックのあとがきを、大型台風一七号が去った一〇月一日の午後、山陰線の「こうのとり九号」城崎行きの車中でパソコンに入力しています。

初秋の山陰線に乗っていると、車窓から刈り入れが終わった田圃に、カラスや雀などが落ち穂をついばんでいたり、与布土川の上流の河原では、白鷺が一羽で川魚をソッと狙っていたりします。目を田畑に転じると、あぜ道には通称「彼岸花」といわれる曼珠沙華の真紅の花が咲き乱れ、民家の花畑にはコスモスが満開で、さながら万華鏡のような姿です。

この列車に乗車した目的は、兵庫県の北西部の朝来市にある「兵庫県立但馬やまびこの郷」に出向するためです。冒頭にも若干記述したように、この施設は、発達障害やその他の何らかの事情があって、現在、学校に行っていない児童生徒のための公立の宿泊研修施設です。この施設は平成八年に兵庫県が開設したもので、発達障害のある多くの不登校児童生徒が、比較的短期間に不登校から回復するばかりではなく、彼らの本来の能力を発揮して、多くの生徒たちが、高校進学を果たしていく教育施設です。本書にも当施設での事例が、アレンジされて掲載されています。編者はこれまで臨床心理士として、多くのハンディを抱えた子どもたちと、その保護者の方々に接してきました。そのような心理臨床経験の中で、当施設での一回四泊五日の生活環境療法が、発達障害のある不登校生の回復に、きわめて有効的であることを体験してきました。

いみじくも一〇月一日は兵庫県立阪神昆陽高等学校の後期の入学式があり、筆者は来賓としてスピーチする幸運に恵まれました。兵庫県立阪神昆陽高等学校というのは、平成二四年四月に開校した三部制の県立の高等学校で、一部は午前四時間、二部制は午後四時間、三部制は夜間四時間の三部制のユニークな高等学校です。この高校には、兵庫県立阪神昆陽特別支援学校が、併設されているのが大きな特徴です。この特別支援学校には知的発達ばかりではなく、広汎性の発達障害のある生徒たちも在籍しており、教員組織も教育内容も充実していると思われますので、今後の同高の発展を期待したいと思います。

本書の「あとがき」に、なぜあえて紙数をさいて兵庫県立但馬やまびこの郷（小中学生対象）と兵庫県立阪神昆陽高等学校（高校生対象）の二学校を紹介したかといいますと、この両校のような特殊な教育を、公立として実践しているところは、きわめて稀だからです。

ところで、本書の刊行を決意してから発刊にいたるまで約一年になります。あらためて全編を通読した感想は、本書の執筆者大部分が心の専門家である臨床心理士であり、発達障害児に対して「いつ・どこで・だれが・どのように」支援するかが実例をあげながら、書かれているということです。この本が発達障害を抱える子どもたちと、その保護者の皆さんに未来への夢と希望と勇気を感じさせる内容となっていれば、編集者の望外の喜びです。

最後に、昭和堂編集部の松井久見子さんと神戸真理子さんに、ひとかたならぬご協力を賜り、厚く御礼申し上げます。ここに記して謝意を表します。

平成二五年初春

編著者代表　武庫川女子大学教授　杉村省吾

執筆者一覧

杉村省吾（すぎむら・しょうご）まえがき・本書の紹介・第１章・あとがき
編者紹介参照

本多修（ほんだ・おさむ）　第５章解説
武庫川女子大学文学部心理・社会福祉学科教授（学術博士）・武庫川女子大学学生相談センター長・兵庫県臨床心理士会副会長・ひょうご被害者支援センター理事

齊藤文夫（さいとう・ふみお）　第８章事例・解説
武庫川女子大学文学部教授（司法行政学修士、M. S.）・教務部長・神戸女学院大学非常勤講師・日本犯罪心理学会理事・兵庫県臨床心理士会理事

石川道子（いしかわ・みちこ）　第６章解説
武庫川女子大学文学部心理・社会福祉学科教授（医学博士）・日本小児精神神経学会理事

大島剛（おおしま・つよし）　第３章
神戸親和女子大学教授（教育学修士）・地域交流センター長・兵庫県臨床心理士会理事・日本児童青年精神医学会評議員

萱村俊哉（かやむら・としや）　第４章解説
武庫川女子大学教授（学術博士）・日本臨床発達心理士会兵庫県支部副支部長・神戸市教育委員会「こうべ学びの支援センター」専門相談員

勝田麻津子（かつだ・まつこ）　第７章解説
環太平洋大学次世代教育学部教授（心理学修士）・こども発達学科学科長・子ども教育支援財団主任研究員・武庫川女子大学大学院臨床教育学研究科臨床教育学専攻博士後期課程・臨床心理士

柳原守（やなぎはら・まもる）　第１章事例・解説
兵庫県立但馬やまびこの郷副所長（文学士）

管生聖子（すがお・しょうこ）　第２章事例・解説
大阪大学人間科学研究科助教（学術修士）・臨床心理士

則定百合子（のりさだ・ゆりこ）　第５章事例・解説
和歌山大学教育学部准教授（学術博士）・臨床心理士・和歌山県臨床心理士会理事・紀の国被害者支援センター専門相談員

伊達幸博（だて・ゆきひろ）　第２章事例・解説
関西大学講師・（臨床教育学修士）・武庫川女子大学発達臨床心理学研究所研究員

南亜紀子（みなみ・あきこ）　第７章事例
武庫川女子大学発達臨床心理学研究所助手（心理臨床学修士）・武庫川女子大学大学院臨床教育学研究科臨床教育学専攻博士後期課程・常磐会短期大学兼任講師・臨床心理士

瓦田穂垂（かわらだ・ほたる）　第１章事例・解説
武庫川女子大学発達臨床心理学研究所心理教育相談員・（臨床心理学修士）・常磐会短期大学兼任講師・兵庫県スクールカウンセラー（西宮市、尼崎市）・大阪市スクールカウンセラー・堺市スクールカウンセラー・兵庫県教育委員会キャンパスカウンセラー・臨床心理士

羽川可奈子（はがわ・かなこ）　第６章事例
摂津市教育センター－児童相談課家庭児童相談室相談員・兵庫県教育委員会キャンパスカウンセラー・武庫川女子大学大学院臨床教育学研究科臨床教育学専攻博士後期課程（教育学修士）・臨床心理士

森安真由美（もりやす・まゆみ）　第４章事例
武庫川女子大学大学院臨床教育学研究科臨床教育学専攻博士後期課程（臨床心理学修士）・兵庫県西宮市教育委員会特別支援教育課専門家チーム・神戸博愛病院児童精神科・臨床心理士

索　引

あ

か

さ

た

な

は

ま

や

ら

■編者紹介
杉村省吾（すぎむら・しょうご）
1943年11月名古屋市生まれ（本籍：兵庫県）。1968年京都府立大学文学部卒業。1972年大阪市立大学大学院修了、1980年京都大学大学院研究員修了（内留）、1992年学術博士。専門分野は臨床心理学、教育心理学。

現在：武庫川女子大学教授・武庫川女子大学発達臨床心理学研究所所長・兵庫県立但馬やまびこの郷所長・中野こども病院顧問・（財）日本臨床心理士資格認定協会特別審査員・兵庫県臨床心理士会副会長。

おもな著訳書：『臨床児童心理学の実際』（昭和堂、1980）、『アダルトチルドレンの心理――うまくいかない家庭の秘密』（共訳、ミネルヴァ書房、1999）、『子どもの発達臨床心理』（共著、昭和堂、2000）、『心のプロムナード』（川島書店、2000）、『痩せと肥満の心理』（共訳、川島書店、2000）、『コミュニティ心理学とコンサルテーション・リエゾン』（共著、培風館、2000）、『障害者の心理』（編著、一橋出版、1999）、『現象学的心理療法』（共訳、ミネルヴァ書房、1997）、『幼児保育とカウンセリングマインド（共著、ミネルヴァ書房、1995）、『交流分析のカウンセリング――対人関係の心理学』（共訳、川島書店、1995）、『子どもの心と身体――小児心身症と心理療法』（培風館、1993）、『臨床心理学』（共著、培風館、1988）、『カウンセリングと家庭教育』（共著、創元社、1986）ほか多数。

発達障害 親子支援ハンドブック――保護者・先生・カウンセラーの連携

2013年6月10日　初版第1刷発行

編著者　杉村省吾
発行者　齊藤万壽子
〒606-8224　京都市左京区北白川京大農学部前
発行所　株式会社　昭和堂
振替口座　01060-5-9347
TEL（075）706-8818／FAX（075）706-8878

印刷　亜細亜印刷
装丁　［TUNE］常松靖史
カバーイラスト・本文イラスト　高野佳子

ISBN978-4-8122-1310-0
＊乱丁・落丁本はお取り替えいたします。
Printed in Japan